শ্রী

Sylvius Hartwig

Tödliche Ignoranz

Warum die USA nicht gegen den Al-Kaida Komplex gewinnen kann

Verlag Bussert & Stadeler
Jena · Quedlinburg

Bibliografische Information der Deutschen Nationalbibliothek
Die Deutsche Nationalbibliothek verzeichnet diese Publikation in der Deutschen Nationalbibliografie; detaillierte bibliografische Daten sind im Internet über http://dnb.d-nb.de abrufbar.

Cover: DieseDrei Kreativagentur, www.diesedrei.de

ISBN 978-3-942115-29-2

Inhalt

Prolog

Zu Gast bei Freunden

Die 747 der amerikanischen Fluglinie setzte zum Landeanflug auf den New Yorker Kennedy-Flughafen an.

Roswitha und Carlo hatten schon vor der Landung mit viel Mühe den Fragezettel zur Einreise in die USA ausgefüllt und pflichtgemäß, unter vielen Verständnisschwierigkeiten, versichert, dass sie kein Verbrechen geplant, keine Mordwaffen mit sich geführt und nichts Schlimmes in den USA vorhatten und auch nicht den Präsidenten ermorden wollten.

In Italien hatten sie einem Flugzeugwechsel in New York bei ihrer Reise nach Vancouver, ihrem eigentlichen Ziel, zugestimmt, da diese Flugroute um einiges billiger war als der Direktflug. Sie waren dem Vorschlag des Reisebüros gefolgt, nicht ahnend was sie an Unbill dafür eingekauft hatten.

Carlo wollte nach Kanada um zu versuchen, dort ein erfolgreicheres Leben als versierter Handwerker zu beginnen als in Italien. Verwandte hatten ihm versichert, dass gute Handwerker in Kanada gesucht waren – und gut war er, wie er mit berechtigtem Selbstbewusstsein für sich feststellte. Die Sache hatte allerdings einen Haken – Carlo sprach kein Wort Englisch. Roswitha, die wohl Gewandtere von beiden, hatte zwar einen erheblichen englischen Wortschatz. Diktion und Klang ihres Englischs hörte sich aber eher wie das fröhliche Römisch-Italienische in Italien an.

Nach der Landung und dem Einparken des Flugzeuges am Landungssteg startete das übliche Gewusel der von den Sitzen sich erhebenden Passagiere zum Ausgang hin, denn nach zwölf Stunden Flugzeit war das Bedürfnis nach Bewegung übergroß. Die Passagiere strömten durch lange Gänge, Rolltreppen auf und ab zur »Immigration«, wo durch Seilbarrieren lange Zick-zackschlangen zu den einzelnen Beamten führten, die neben jedem Eingang in das Land der Freiheit und Ver-heißung in einem erhöhten Karbäuschen saßen. Die Schlangen bewegten sich schneckengleich voran, bis endlich der Beamte in seinem Zerberushäuschen, meh-rere Köpfe höher als die Delinquenten sitzend, erreicht wurde. Durch den erhöhten Sitz wurde klargestellt, dass der Petent unterwürfige Demut zu zeigen hatte. Roswi-tha und Carlo traten gemeinsam vor die amerikanische Staatsgewalt, da sie als Ehepaar gemeinsam einen Immi-grationszettel ausgefüllt hatten. Der US-amerikanische, die Staatsgewalt verkörpernde, Beamte wandte sich an Carlo mit der Frage, warum er in die USA einreisen wol-le? Carlo verstand natürlich kein Wort, weshalb naheli-genderweise Roswitha in ihrem herrlichen italienischen Amerikanisch ansetzte die Situation zu erklären, näm-lich, dass ihr Mann kein einziges Wort verstehen könne, da er des Englischen nicht mächtig sei. Sie wurde aber als Nächstes, bevor sie so recht in Schwung kam, von dem Beamten angeherrscht sofort ruhig zu sein. Er frag-te Carlo erneut, was der Zweck seiner Reise in die USA sei.

Natürlich hatten sich die Amerikanischkenntnisse von Carlos zwischen der ersten und zweiten Frage nicht we-sentlich verbessert. Er schwieg und Roswitha versuchte erneut die Situation zu erklären, worauf sie der Beamte anbrüllte endlich ruhig zu sein, sonst würde er andere Maßnahmen ergreifen – und erneut Carlos nach dem Zweck seiner Reise fragte.

Carlos schwieg.

Daraufhin brüllte ihn der Beamte an, er solle endlich antworten. Carlos schwieg – was zur weiteren gesteiger-ten Lautstärke des Beamten führte.

Ich glaube, hier ist es an der Zeit und angemessen festzuhalten, dass es für Amerikaner und besonders für

Staatsdiener unvorstellbar ist, dass jemand kein Amerikanisch verstehen kann, denn aus ihrer Sicht ist amerikanisch die natürliche Weltsprache für jeden. Und es sei die Bemerkung eingefügt, dass ein berühmter britischer Staatsmann, Churchill, die Feststellung traf, dass das tiefgreifendste Trennende zwischen England und den USA die Sprache sei. – Soweit zum Amerikanischen.

Diese Vorstellung, also dass jeder Amerikanisch verstehe ist nachvollziehbar, da zum Beispiel für uns Deutsche unter der Kanzlerschaft des jetzigen deutschen Kanzlers durch unseren Habitus die Bundesrepublik Deutschland praktisch als 51. US-Bundesstaat etabliert wurde. Das ist an unserer Staats-, aber auch Mediensprache zu sehen, an den nicht mehr vorhandenen deutschen Politikinhalten und wie liebevoll alle politischen Schwenker eiligst nachvollzogen werden. Eine ähnliche Situation ist für einige Nato-Länder ebenfalls festzustellen.

Aber zurück zu Roswitha und Carlo auf dem Kennedy-Flughafen.

Die Lautstärke des Beamten steigerte sich, denn Totalitarismus zeigt sich – aus der Erfahrung im letzten Jahrhundert – auch durch gebrüllte Lautstärke. Es schien dem Beamten klar, dass sich im Keim hier eine Art 9/11 wie 2001 anbahnte , was völlig in der Linie der offiziellen amerikanischen Politik liegt, denn jeder ist zuerst einmal verdächtig. Brüllen statt Handeln hat nicht nur hier, sondern auch für uns Tradition. Es ist ein weltweiter Habitus obszöner Überzeugungskraft. Vor 70 bis 80 Jahren im Dritten Reich oder vor 30 bis 40 Jahren in einem Teil unseres Landes, wie auch in anderen Ländern.

Das legitime Bild eines amerikanischen Beamten ist von der Vorstellung geprägt, dass das amerikanische Wesen und das seine Sprache die Richtschnur für alle Völker ist. Anderssein ist gefährlich, krank und zu bekämpfen, wie uns durch ständige Politikbelehrung beigebracht wird.

Zum Glück für Roswitha und Carlo kam ihnen ein anderer US-Beamter mit dem Namen Luigi zu Hilfe und hat dann eingegriffen um die Situation zu deeskalieren.

Als Metapher bleibt, dass das, was im Kleinen auf dem Kennedy-Flughafen passierte, ein Signum amerikanischer Politik und Weltsicht ist. Anbrüllen, auch im politisch übertragenen Sinne auf allen Stufen der Weltpolitik, ist zunehmend das Zeichen amerikanischen Verhaltens.

Was ich über Roswitha und Carlo berichtete, haben mir die beiden in Vancouver erzählt. An der Glaubwürdigkeit gibt es keinen Zweifel, denn pro Jahr erfahren Hunderttausende die gleiche Situation bei der Einreise in die USA und lassen apathisch die entwürdigende Situation über sich ergehen. Das Entwürdigende ist ein Teil der Strategie.

Das Weltbild der USA in ihrem offiziellen Habitus ist eindeutig. In »Gods own Country«, im von Gott auserwählten Land – Amerika ist eine von Gott geschützte Welt – ist alles grundsätzlich richtig und die Welt hat sich danach zu richten. Es gibt nur eine Lebensart, das ist die amerikanische. Es gibt nur eine Sprache, die gefälligst jeder verstehen muss, das ist das Amerikanische. Es gibt nur eine Kultur, die dem Menschsein angemessen ist, das ist die amerikanische, und es gibt nur eine politische Richtung, das ist die herrschende – mit Gott!

Die tatsächlich vorherrschende Ignoranz der Gesellschaft ist erschütternd und hat tiefgreifenden Einfluss auf die gefassten politischen Entschlüsse. Es hat bis zum 19. Jahrhundert gedauert, bis sich die USA festgelegt haben, ob Indianer Menschen seien oder nicht.

Die USA entscheiden sich bei der Begegnung mit jahrtausendealten Kulturen, zum Beispiel im Mittleren Osten, wie bei dem italienischen Ehepaar auf dem Kennedy-Flughafen, für die Wechselwirkung mit Gebrüll und nicht für Verständnis und Respekt vor der Würde des

Anderen. Das gleiche gilt für die generelle Nachfrage und für den Respekt vor anderen Nationen. Dieser Respekt existiert nicht und daher wird der Selbstbehauptungswillen anderer Kulturen permanent unterschätzt, zum Teil allerdings verleitet durch deren eigene Politik.

Die USA verwechseln das Dogma der Gewinnmaximierung mit politischem Handeln und Religion. Sie kennen keinen Skrupel, wie die letzten vier Jahrhunderte gezeigt haben, dieses schmalspurige Eigeninteresse durchzusetzen, und haben damit katastrophale Folgen ausgelöst. Schlimm, dass sich andere Länder, wie auch Deutschland, diesem Politikstil angepasst haben. Die Kosten für das westliche Lager werden dadurch stetig größer.

Das Geschehen am Kennedy-Flughafen hat etwas Prinzipielles jenseits der Wechselwirkung zwischen dem Staatsbeamten und zwei harmlos-naiven und freundlichen Besuchern. Die Beamten sehen sich nicht nur als Personen, die in einigen Minuten mögliche gefährliche Sachverhalte erkunden sollen, sondern als Vertreter der nicht zu hinterfragenden Staatsgewalt, die potentielle Verbrecher und Attentäter erkennen und vernichten sollen. Das Böse wird bei allem vorausgesetzt – man muss es nur erkennen, unbeschadet der Tatsache, dass die Wahrscheinlichkeit für dieses Szenario 10^{-6} und kleiner ist. Die eigene Staatsgewalt wird als Vertreter der Unfehlbarkeit angesehen, die eigenen ethischen und moralischen Werte von höherer Wertigkeit; Austausch, Respekt, Teilhabe und deren Werte spielen keine Rolle. Die USA erscheinen sich als positiv einzigartig.

Diese Haltung manifestiert sich generell, wobei das Geschehen als Metapher für das Prinzip des Ganzen zu stehen hat.

Die Grundhaltung ist die eigene übersteigerte Größe, die alles andere zur Seite drückt. Gegner werden als Schädlinge perzipiert, die es zu vernichten, nicht zu befrieden gilt. Ehrfurcht ist in der amerikanischen politischen Sozialisation eine Unbekannte, und die Militarisierung das beste politische Führungsprinzip. Das ist wohl die Basis, von der wir uns unserem Thema nähern müssen. Im Laufe dieses Buches wird deutlich werden, dass psychoanalytisch erkennbare tiefgreifende Unterschiede zu anderen Ländern und Kulturen vorliegen.

Was an der Grenze eines Staates passiert, ist der massive Ausdruck der Verfasstheit dieser Gesellschaft innerhalb dieses Staates, wie wir an vielen Beispielen sehen können.

Die hochpathologische Wuchtigkeit der Grenzkontrollen der DDR spiegelte den Totalitarismus und die Menschenverachtung des kommunistischen Staates wider. Die brutale Rücksichtslosigkeit des III. Reiches spiegelte sich auch im Umgang mit den Menschen an ihrer Grenze wider. Die paranoide Weltsicht Nordkoreas zeigt sich an seinen waffenstarrenden Grenzen besonders deutlich.

Die Erscheinungsformen an der Grenze sind die Quintessenz der staatlichen Ideologie des Landes. Die Welt hat nichts Gutes von der jetzigen paranoiden Haltung der USA zu erwarten. Die Nachrichten über die NSA zur Jahreswende 2013/14 zeigen das nur zu deutlich. Wie krank sind die USA in den letzten 50 Jahren geworden? Und wie großartig war die Idee der Toleranz und Freiheit im letzten Jahrhundert!

Die USA handeln tatsächlich so wie sie sich derzeit darstellen. Es ist auch das, was es zu analysieren gilt, zusätzlich zu den historischen und augenblicklichen Randbedingungen in der islamischen Welt.

Einleitung

Man sagt: »Siege haben viele Väter, Niederlagen nur einen«. Es kann aber auch sein, dass Niederlagen viele Väter, sprich Gründe und Einflüsse haben. Das macht den US-Al-Kaida-Konflikt so unübersichtlich und erfordert, über eine ganze Reihe primär nicht zusammenhängender Sachverhalte zu sprechen. Zusammengefasst ergeben sie dann einen Sinn!

Die heutige Situation

Seit mehr als einem Jahrzehnt beherrscht das Thema Terrorismus die Politik und die öffentliche Debatte. Terrorismus wird als Schlagwort für viele politische Auseinandersetzungen, die die Welt heute beschäftigen, benutzt. Terrorismus ist dabei in der politischen Auseinandersetzung oft als Totschlagargument eingesetzt, um die besondere Verwerflichkeit eines Gegners herauszustellen.

Assad bezeichnet im syrischen Bürgerkrieg (seit 2011) seine Gegner als Terroristen. Gleichermaßen bezeichnen die Gegner Assads den Diktator und seine Leute als Terroristen. Nach Gaddafis Sturz in Libyen brandmarkte die Regierung die Gegner in den verschiedenen Teilen des Landes als Terroristen, die außenstehenden Gruppen die Regierung als solche. In der Türkei verunglimpft Erdogan seine Gegner als Terroristen und diese den Regierungschef und seine Gefolgschaft als solche. In der Ukraine (2014) beschimpfen sich die Konfliktparteien als Terroristen und in Fernost die Chinesen die Uiguren und die Tibeter als solche. Terrorismus als Begriff ist zu einem wohlfeilen Instrument geworden, den Opponenten als böse, brutal und außerhalb der Zivilisation stehend zu klassifizieren.

Sieht man sich die wissenschaftliche Literatur an, so ist zu sehen, dass es eine kaum noch zu überschauende Vielfalt von verschiedensten Aspekten des Terrorismus gibt, die diskutiert werden. Es sind Themen wie »Terrorismus im Internet« (Tsafati 2002), »Der ein Thema Terrorismus« (Monaghan 2000), »Massenvernichtung und der Fall der Aum Shinrikyo Sekte« (Mjuir 1999), »Trends in Bezug auf den weiblichen Terrorismus« (Cunningham 2003), »Selbstmordterrorismus« (Dolnik 2003), »Terrorismus durch Massenvernichtungswaffen« (Quillen 2002), »Massentötungsterrorismus« (Parachini 2002), »Agroterrorismus« (Foxwell 2001), »Terrorismus und die Touristikindustrie« (Enders/Sandler 1991) u.v.a. Das ist sozusagen ein kleiner Ausschnitt der Details aus dieser speziellen Wissenschaft. Terrorismus ist scheinbar zu einer Wissenschaft geworden, die alle Aspekte der Gesellschaft umfasst.

Dieses Buch ist kein Buch über die strukturellen Details des Terrorismus, sondern ein Buch, das beschreibt, wie unter dem Schlagwort der Terrorismusbekämpfung eine zum Teil ganz andere, auch verdeckte, Politik betrieben wird. Diese Politik führt zu einem Krieg hauptsächlich gegen die Islamisten, der einerseits nicht gewonnen werden kann, andererseits zu einer Situation, in der die Geheimdienste in vielen Ländern der politischen Kontrolle entgleiten und damit zu ganz anderen Bedrohungen in unserem Leben, auch dem Privatleben führen.

Terrorismus als Konfliktform

Terrorismus in seiner ursprünglichen, jahrhundertealten Definition beschreibt eine von vielen Formen der politischen Auseinandersetzung, mit denen generell gesellschaftliche Konflikte ausgetragen werden. Dazu gehören demokratische Auseinandersetzungen zwischen Parteien, Wahlen, Bestechungen, Unterwanderung, Klankämpfe, Putsche, Revolutionen oder Kriege, aber auch evolutionäre langsame Veränderungen, um nur einige zu nennen. Jede dieser Konfliktformen hat charakteristische Schattenseiten und Probleme, die letztendlich in zu bewältigenden Risiken münden. Auf der anderen Seite versprechen diese eben erwähnten Veränderungsstrategien Erfolge in den Bereichen, für die sie gerade ausgewählt wurden.

Terrorismus erzeugt Furcht, Angst und Schrecken. Das ist sein spezifischer, den Konflikt vorantreibender Sinn, das ist die dahinterstehende Absicht, das ist die erhoffte, die Umwälzung erzeugende Kraft. Nicht die Toten, nicht die Ermordeten sind das primäre Ziel des Terrorismus, sondern die Furcht, die Panik und das ungewisse, nicht definierbare Grauen, die das Morden – das möglichst bizarre Morden – hervorbringt. Diese damit erzeugten Erschütterungen der Gesellschaft liefern den Nährboden, der die neuen gewünschten Strukturen oder »bessere« politische Verhältnisse hervorbringen soll.

Terrorismus als eine Art Krieg zu definieren – wie es US-Präsident Bush mit GWOT [General War on Terrorism] zehn Tage nach dem 11. September 2001 getan hat – geht völlig an der spezifischen Problematik dieser Konfliktform vorbei. Die USA sind auch deshalb ihren angestrebten Zielen in den letzten Jahren nicht näher gekommen. Krieg und »Erfolg« von Kriegen definiert sich beispielsweise in der Zahl der Toten der Gegenpartei, durch den Landgewinn, die zerstörte Industrie des Kriegsgegners, seine in Mitleidenschaft gezogene Wirtschaft – wie wir es im Koreakrieg oder Vietnamkrieg im exzessivem Maße gesehen haben, um nur zwei charakteristische Beispiele zu nennen.

Das alles spielt beim terroristischen Konflikt keine entscheidende Rolle. Ein von einem terroristischen Konflikt überzogenes Land kann zusammenbrechen, obwohl es strukturell und unter allen materiellen Aspekten funktionsfähig ist – wenn es psychisch terroristisch demoralisiert ist – oder in Panik verfällt. Es kann gleichermaßen auf der Siegerstraße stehen, obwohl es weitgehend zerstört ist, weil der psychische Überlebenswille intakt geblieben ist, die terroristischen Grausamkeiten den Lebenswillen nicht zerstört haben. Vietnam könnte hier für Letzteres als Beispiel dienen. Die Charakteristiken des Terrorismus werden in einem späteren Kapitel analysiert. Wie terroristische Konflikte enden können und mit welcher Wahrscheinlichkeit, wird im Kapitel III beschrieben.

Wie in allen ihren Kriegen ist für die Amerikaner »bodycounting«, das Zählen der feindlichen Toten, das Maß des Erfolges – zu Unrecht, denn es wird dem Maß und dem Ziel der terroristischen Tat, die über Sieg oder Niederlage entscheidet, nicht gerecht. Es wird dem Ziel der meisten terroristischen Konflikte, die gesellschaftlichen Strukturen umzupflügen, nicht gerecht.

Um den Terror von Angst und Schrecken zu überwinden, müssen wir uns dem Thema anders nähern und nicht der Gedankenwelt des Terrorismus selbst verfallen, wie uns die Politik in fast allen Ländern manipulierend einreden will. Wir müssen den aus Angst geflochtenen Vorhang vor den Tatsachen zerreißen und uns der nüchternen Betrachtung einer Situation anvertrauen, so dass wir nicht mehr mit dem Bauch reagieren, sondern mit dem Verstand, auch wenn es das Verstehen des Schreckens ist.

Wir dürfen nicht der zweckgerichteten Dämonisierung verfallen, wie das in Politik und Medien öfter passiert, sondern müssen die erkennbaren Wahrheiten, die hinter der Ermordung von Menschen stehen, zur Kenntnis nehmen, so wie wir es in der Sicherheitswissenschaft zur Risikoanalyse auch tun. Wir müssen den eher belastbaren Boden der Sicherheitswissenschaft betreten, um die Evidenz einer sachgerechten Lageeinschätzung zu erreichen. Und damit müssen wir letztlich in diesem Punkt die Ideologie des Terrorismus verlassen, diesem zweckvoll errichteten Geist des Grauens. Der Weg dazu wird nachfolgend so skizziert, dass wir Anschluss an unsere wirkliche Welt der gelebten Risiken finden. Nochmals – überzeichnete Medienskandale und unreflektiertes Grauen sind keine zuverlässigen Leitgrößen, die ein positiv optimales Handeln für unsere Sicherheit und die Existenz unseres Staates oder generell eines Staates erlauben. Das wird üblicherweise übersehen oder auch absichtlich negiert.

Sicherheitstechnik wurde an der BUW (Bergische Universität Wuppertal) seit einigen Jahrzehnten, übrigens mit sehr großem Erfolg auch im Terrorismusbereich, als wissenschaftliche Disziplin in einem eigenen Fachbereich gelehrt.

Die Einordnung des Terrorismusrisikos

Es gibt zwei grundlegende Bereiche in der Sicherheitswissenschaft, die die Versagenszustände in unserer Gesellschaft beschreiben. Der eine beschreibt zufällige, nicht gewollte Versagensweisen (engl. Safety) und der andere mit Absicht bewirktes Versagen (Security). Letzterer beinhaltet den Terrorismus und die Sabotage.

Für den Bereich der Safety haben wir in den letzten Jahrzehnten ein großes Grundverständnis für die Ursachen, Zusammenhänge und das Ausmaß der Risiken bzw. Schäden entwickelt, denn das ist die Grundvoraussetzung für die Existenz unserer Industrie, aber auch des allgemeinen wirtschaftlichen und gesellschaftlichen Lebens. Unser Verständnis geht so weit, dass wir für fast alle Bereiche unserer Gesellschaft die Risiken quantifizieren können und darüber hinaus auch das Maß der akzeptierten Risiken und was wir für einen Aufwand für die Minderung dieser Risiken betreiben müssen.

Dieses Buch geht einen anderen Weg als die zahlreichen Veröffentlichungen, die zu dieser Thematik bisher geschrieben worden sind und die die moralische Verwerflichkeit einer Tat (wie eben den Terrorismus) für eine hinreichende Begründung für das Nichtakzeptieren auch des minimalsten Risikos halten, die in ihrer Eintrittswahrscheinlichkeit aber auch im Schadensausmaß deutlich geringer sind als solche Bereiche der Safety, also Risiken des alltäglichen Lebens.

Es ist sehr wichtig für die sicherheitstechnische Bewältigung, an erster Stelle jeden moralisch behafteten Unterton in den Wertungen zum Terrorismus zu vermeiden – wie es in der Politik heute im Gegensatz dazu üblich ist – und das Ganze von der Risikowichtung oder besser von der Risikobedeutung her zu betrachten. In erster Näherung in Bezug auf die Risikowichtung im Zusammenhang mit der Sicherheitswissenschaft gesehen gibt es keinen Unterschied, ob der Tod eines Menschen durch Rauchvergiftung, durch Zerquetschen an einer Maschine oder durch einen terroristischen Bombenanschlag verursacht wird. Alles ist gleichermaßen nicht akzeptabel. Was damit gemeint ist, wird wohl nachvollziehbar bei einer Formulierung in Hinblick auf eine zu treffende Risikovorsorge. Bei zivilisatorisch verursachten Todesfällen lässt sich aus Gründen der Menschlichkeit und der Gleichwertigkeit eines jeden Menschenlebens schon schwer vermitteln, daß zur Verhinderung eines Toten durch Bomben oder ein Attentat vielleicht einhundert oder tausend Mal mehr Geld ausgegeben oder Aufwand aufgewendet wird als für die Verhinderung eines tödlichen Unfalls mit einem Rauchvergifteten bei einem Industriefeuer, obwohl es natürlich erhebliche situationsbedingte Unterschiede gibt. Es lässt sich aber auf Dauer nicht vertreten, dass der Aufwand für die Risikovorsorge zwischen zwei Sachverhalten sich um den Faktor 10^4, 10^6 oder 10^8 (also Zehntausend, eine Million oder einhundert Millionen) Mal unterscheidet.

Die Politik der letzten Jahre sieht das in den westlichen Industrieländern anders. Betrachtet man die Medien und den politischen Diskurs – insbesondere den der amerikanische Politik – allerdings auch die deutschen und westeuropäischen Verlautbarungen, so ist die Todesursache durch terroristische Aktivitäten besonders verwerflich und nicht akzeptierbar. Im Grunde genommen spielen hier wertende Ideologie, politische Parteilichkeit oder sogar ideologische Schlagseite eine große Rolle, die viele Exzesse in der Risikopolitik in der Vergangenheit in dieser Hinsicht erklärbar machen. Einzigartige emotionale Wertungen und a priori politische Bekenntnisse fangen an das politische Handeln in dieser Hinsicht zu bestimmen, was letztlich eine Risikobewältigung erschwert und große Gefahren dort entstehen lässt, wo sie nicht existieren. Das führt zur Bindung von Ressourcen, die dann bei der Folgenbegrenzung von wirklichen und problematischen Risikoschwerpunkten fehlen. Besonders die USA, aber auch wir geben riesige Beträge für eine nutzlose Antiterrorpolitik aus, die uns dann für eine effiziente Risikominderung fehlen. Das ist die heutige politische Situation.

In dem lesenswerten Buch von Michael Sontheimer mit dem Untertitel »Eine kurze Geschichte der Roten Armee Fraktion« fand ich ein Zitat von Carolin Emcke, dem Patenkind des Bankiers Alfred Herrhausen: »Empörung fördert weder Wissen noch Verstehen«. (Sontheimer 2010)

Allerdings ist es so, dass Empörung in der westlichen Gesellschaft in den letzten Jahrzehnten eine entscheidende Rolle in der Antiterrorpolitik gespielt hat, ohne Berücksichtigung der Tatsache, dass durch die Emotionalisierung die Risikobewältigung erschwert, wenn nicht unmöglich gemacht wurde. In der arabischen Welt ist durch dieses emotional gesteuerte Verhalten, durch den massiven Einfluss der westlichen Länder über Jahrzehnte eine Konfliktlösung nicht nur erschwert, sondern torpediert worden. Im Gegensatz dazu entstand in der westlichen Politik und der Bevölkerung eine neu formierte Stimmung mit der vorherrschenden Ansicht, dass mit dem 11. September 2001 eine völlig neue Situation entstanden sei, ohne Berücksichtigung der expansiven Ereignisse, die sich Jahrzehnte vorher im Mittleren und Fernen Osten mit Unterstützung der westlichen Alliierten abgespielt hatten. In den USA und unter den Deutschen und westlichen europäischen Völkern hat besonders nach dem 11. September 2001 eine Politik der Empörung über die Schlechtigkeit der Menschen und insbesondere Teile der arabischen Welt um sich gegriffen, wobei zugleich immer von den Spitzenpolitikern unterstellt wurde, wie edel, berechtigt und menschenfreundlich unsere und die US-amerikanische Politik in dieser Beziehung seien. Die meisten Europäer sind dieser emotionalen Haltung gefolgt. Für unser besseres Verständnis wird in Kapitel V diskutiert werden, wie die arabische Welt bzw. die arabischen Intellektuellen zum Beispiel diesen 11. September 2001, also das Attentat und die davor liegenden Umstände sehen.

In Bezug auf den Al Kaida-USA-Konflikt ist es wichtig, Strömungen zu erkennen, die eine ausgewogene Bewertung der Entwicklung ermöglichen – vielleicht um doch noch ein faires Verstehen und damit eine etwas ausgewogenere und damit erfolgreichere Politik der Risikominderung zu ermöglichen, denn bis jetzt war die exekutierte Antiterrorismuspolitik nicht übermäßig befriedend – um nicht zu sagen ein Fehlschlag, bedenkt man die Kriege im Irak, Afghanistan, Pakistan oder den unerklärten Drohnenkrieg der USA gegen andere Länder.

Ein erster Schritt in diese weiter oben angesprochene gleichwertige oder besser gesagt gleichgewichtige Risikovorsorge, die unabhängig von einer ideologischen Bewertung ist und sich nur nach der Größe und dem Umfang des Risikos richtet, besteht im Vergleich der einzelnen Risiken. Nun ist allerdings die Wahrnehmung, man spricht auch von der Perzeption, und die emotionale Bewertung von Risiken in Öffentlichkeit und Politik kein objektiver Vorgang.

Die Perzeptionsfrage

Wir haben auf unseren Straßen pro Jahr im Augenblick etwas weniger als 4.000 Tote durch Verkehrsunfälle. Das entspricht etwas mehr als zehn Toten pro Tag. Passieren diese Verkehrsunfälle verstreut, einzeln über Deutschland verteilt, so ist das kaum eine Nachricht in unseren Medien. Die Perzeption der Öffentlichkeit ist so, dass eine Zeit gewöhnlicher Risiken unbeachtet verstreicht. Passiert aber ein einziger Unfall mit gerade zehn Toten an einem einzigen Ort, und sonst keine tödlichen Unfälle, so sind Fernsehen und Druckmedien angefüllt mit detaillierten Informationen darüber, obwohl der Risikoumfang identisch ist.

Das Risiko ist definiert als das stochastische (statistisch ermittelte) Produkt von Schadensumfang (z.B. Zahl der Toten) und Eintrittswahrscheinlichkeit. Sicherheitstechnisch gesehen ist es also das Gleiche, ob einhundert Tote (durch ein Vorkommnis) einmal in einhundert Tagen zu beklagen sind oder einhundert Tote in einhundert Tagen, wobei jeder Tag einen Unfalltoten zeigt. Die öffentliche Wahrnehmung und die Politik sehen das aber nicht so. Der Fall, dass einhundert Menschen durch einen Störfall ihr Leben verlieren, wird als wesentlich größeres, nicht akzeptierbares Risiko bewertet – im Gegensatz zu den einzelnen tragischen Unfällen.

Diese Perzeptionsproblematik hatte in der Kernenergiedebatte eine entscheidende Rolle gespielt, denn die Vorstellung, dass durch einen Störfall mehrere hundert oder tausend Tote resultieren würden, war nicht mehr akzeptabel, obwohl in Deutschland mehrere hundert Reaktorjahre verstrichen sind, ohne einen einzigen Strahlentoten. Mehr noch, die Politik hat beschlossen, alle deutschen Kernkraftwerke zu schließen, obwohl sich dadurch für Deutschland das Risiko für Strahlentote und generell für Schäden durch Kerntechnik stark erhöht, durch die zahlreicher werdenden grenznahen Anlagen außerhalb Deutschlands und deren höheres Risiko, aber auch durch die Vernachlässigung der Bedeutung des menschlichen Faktors. (Hartwig, Focus 2011) Die Schlussfolgerung aus diesem einfachen Beispiel ist, dass eine emotional belastete Risikopolitik oft zur Erhöhung des Risikos führt.

Ein Risikovergleich

Die Risiken in unserer Arbeits- und Umwelt sowie der Lebensführung sind recht gut bekannt.

Im nachfolgenden Kapitel I ist das normale Unfallgeschehen für die Bereiche Arbeit, Verkehr, Schule, Haus und Freizeit/Sport für die Jahre 2008, 2009 und 2010 für tödliche Unfälle und für die Zahl der Verletzten aufgeführt. Werden ähnliche Zahlen für den zeitlichen Bereich von 1960 bis 2012 zusammengestellt und auch zusammengefasst, so kommt man auf einen Wert von 1,6 Millionen Unfalltoten für diese 52 Jahre. Werden jetzt für diesen Zeitabschnitt die Zahl der Todesopfer durch den Terrorismus in Deutschland zusammengestellt, so sind in Deutschland 40 bis 80 Todesopfer durch Terrorismus zu beklagen. Die Unsicherheit dieser Zahl kommt dadurch zustande, dass bei einer Reihe von Fällen Unklarheit über die Ursächlichkeit besteht.

Es erhebt sich also die Frage, in welchem Verhältnis steht der materielle Aufwand für die stochastischen (durch Unfälle) und die vorsätzlichen Risiken (durch Terrorismus), die auf ein für uns gleichermaßen vertretbares Maß reduziert werden sollten?

Um nochmals die Frage anders zu formulieren, was die verschiedenartige Perzeption von Risiken bewirkt:

In Deutschland würde z.B. die Verhinderung eines Kernenergietoten durch Strahlung ungefähr 10^8 bis 10^9

Euro kosten, im Straßenverkehr vermutlich 10^5 bis 10^7 Euro, also in der Kernenergie 10.000 Mal mehr.

Ist es also akzeptabel, zur Verhinderung eines Strahlentoten zehntausendmal mehr Geld auszugeben als zur Vermeidung eines Unfalltoten in der klassischen Industrie? Was ist die moralische Vorstellung, die dahinter steht? Der Unterschied im Vergleich der Kosten zur Verhinderung eines Terrorismustoten und der eines üblichen Unfalltoten dürfte sich in ähnlicher Größenordnung bewegen, womit gemeint ist, dass die Aufwendung zur Vermeidung eines Terrorismustoten wesentlich größer ist – ungefähr 10 bis 100 tausend mal mehr – wobei gleichzeitig zu beachten ist, dass mit diesen Vermeidungsbemühungen wesentliche Beschränkungen unserer persönlichen und politischen Freiheiten verbunden sind, die sich nur sehr schwer monetarisieren lassen, aber tiefgreifende Änderungen in unserem Leben und Lebensgefühl erzeugen. Zu diesen Beschränkungen unserer politischen Freiheiten kommen dann noch Einschränkungen in sozialen Bereichen, Bildung, Wissenschaft und Kultur – durch die dann fehlenden Geldmittel.

Als Konsequenz werden das politische System totalitärer (Überwachungsstaat), die Rechtssicherheit geringer und willkürlicher, die Öffentlichkeit stärker manipulierbar sowie die Pressefreiheit eingeschränkter, wie in den USA deutlich zu sehen ist, in Teilbereichen bei uns jedoch auch.

Die Exzesse, wie sie sich durch den NSA-Skandal Ende 2013 in den USA, aber ähnlich auch in England manifestieren, zeigen uns, dass eine den Fakten angemessene Risikobewältigung im Augenblick in der westlichen Welt nicht mehr möglich zu sein scheint. Bewältigungswürdig an Gefahren ist offensichtlich das, was die Politik dazu erklärt und definiert, aber nicht das, was den einzelnen Bürger am stärksten bedroht. (Dazu mehr im nachfolgenden Kapitel I)

Würden die USA z.B. einen Bruchteil des Geldes, mit dem die NSA finanziert wird, in die Bekämpfung des Waffenmissbrauchs in ihrem Land investieren, so könnten mehrere tausend Kinder pro Jahr vor dem Tod (durch Waffen oder Morde) in den USA bewahrt werden, ganz zu schweigen von der viel größeren Zahl der Erwachsenen. Die USA wählen also zwischen den Risiken des Kindermordes und den Risiken hypothetischer Terroranschläge. Offensichtlich durch das Ereignis 9/11 geprägt, wird zu Ungunsten der eigenen Kinder entschieden.

Ohne das in Einzelheiten hier darzulegen, müssen wir uns dies bei der Perzeption und Bewertung von Risiken bei unseren politischen Schritten vor Augen halten, um zu einer wirklichen, sachangemessenen Politik zu kommen. Eine Forderung, die in Deutschland kein politisches Thema ist und auch von der Öffentlichkeit nicht aufgenommen wird.

Mit diesen Bemerkungen über die Risikobewertung soll es hier sein Bewenden haben.

Es ist jetzt sowohl auf die Spezifika des Terrorismus einzugehen wie auch auf seine Kontexte, die wir für die weitere politische Diskussion benötigen.

Im Kapitel II wird der Tatsache Rechnung getragen, dass in dem USA-Al-Kaida-Konflikt kulturelle Unterschiede zwischen den Protagonisten eine nicht zu unterschätzende Rolle spielen, die für die Politik der westlichen Welt von großer Bedeutung ist, aber nicht wahrgenommen wird. Auf der Basis dieser gestörten Situationswahrnehmung haben die USA ihre Strategie der letzten Jahre entwickelt (siehe Kapitel III), mit den immer offensichtlicher werdenden Folgen. Im Augenblick , also im Juli/August 2014, zeigt sich, dass zum Beispiel der Irak aufgrund der US-Interventionspolitik zunehmend destabilisiert wird. Einer der Gründe liegt in der bizarren Irakpolitik der USA (Kapitel IV). Die politische Vernunft lag hier auf der deutschen Seite, indem sich Deutschland an diesem Krieg nicht beteiligt hat.

Dass die Grundrichtung der westlichen Politik aber nicht der wirklichen Sachlage gerecht wird, ist das Thema von Kapitel V.

In Kapitel VI wird analysiert, inwieweit die inneramerikanischen Verhältnisse Einfluss auf den US-Al-Kaida-Konflikt haben. Dabei wird weniger an die politischen Züge der jetzigen Administration gedacht, sondern an einige auch traditionelle und geschichtlich intendierte Verhaltensweisen, die jetzt noch amerikanische Wirklichkeit sind.

Für diese Auseinandersetzung ist es wichtig zu verstehen, welche Strukturen solche terroristischen Konflikte in sich selbst haben. Das wird unter zwei verschiedenen Gesichtspunkten einmal in Kapitel VII und zum anderen in Kapitel VIII diskutiert. In Kapitel IX wird mit Hilfe der Ergebnisse aus den gesamten einzelnen Abschnitten des Buches eine Bewertung vollzogen, inwieweit die augenblickliche Politik wirklich trägt und so zu einem Erfolg beitragen könnte oder auch die Situation verschlimmert und zu schwerwiegenden Konsequenzen für unsere westliche Welt führen kann.

I

Die Risikowahrnehmung und die politisch manipulativ induzierte Angst durch den Terrorismuspopanz

Beeinflussung durch die Politik

Für Leser, die mit dem Wort Popanz nicht mehr vertraut sind, sei bemerkt, dass die wirkliche sprachliche Herkunft des Wortes zweifelhaft ist. Möglicherweise kommt es aus dem tschechischen oder italienischen Sprachbereich. Es bedeutet so etwas wie Trugbild, Gespenst, aber auch Marionette.

Politik, die Risiken eindämmen will, ist, zumindest bei uns in den westlichen Ländern, darauf angewiesen, von der öffentlichen Meinung unterstützt zu werden. Dabei ist die Wahrnehmung der Risiken durch die Öffentlichkeit ein komplizierter Prozess, der dazu führen kann, und es auch tut, dass bedrohliche Risiken auf der einen Seite nicht als solche akzeptiert werden, auf der anderen Seite Risiken als bedeutend wahrgenommen werden, die keine sind oder nur im geringen Maße. Wird durch mediale Steuerung ein Sachverhalt als großes Risiko von der Öffentlichkeit wahrgenommen, so ist es politisch relativ einfach eine »Risiko bekämpfende Politik« in Szene zu setzen und damit Einschränkungen, Überwachungen und verdeckte politische Ziele zu erreichen. Im Zusammenhang mit unserer Antiterrorismuspolitik wird die Privatsphäre bei uns politisch gewollt durchlöchert, Telefonüberwachung propagiert und die Pressefreiheit eingeschränkt. Bei der Internet-Überwachung durch deutsche Geheimdienste und die NSA werden vertrauliche Informationsquellen decouvriert und damit eine die Politik überwachende Presse ausgehebelt. Ist das durch die Größe und Intensität des Terrorismusrisikos berechtigt? Generell ist zuerst einmal festzustellen, dass es keinerlei Kosten-Nutzen-Abschätzungen darüber gibt, wie sinnvoll die Maßnahmen, die durch die Politik inszeniert werden, sind. Furcht und übertriebene Handlungen sind die Konsequenz, begleitet durch zum Teil unreflektierte Medienberichterstattung.

Ein zusätzliches Problem entsteht in der Diskussion dadurch, dass Risiken, die von der Sicherheitswissenschaft als gleich groß bewertet werden, von der Allgemeinheit durchaus als sehr verschieden gefährlich angesehen sind.

Gleiche Risiken werden verschieden bewertet

Wie schon in der Einleitung ausgeführt, ist die bewusste oder unbewusste Bewertung von Risiken keine konstante Größe. Das trifft für den Fall zu, dass verschiedene Personen zur gleichen Zeit ein Risiko – bei gleichem Informationsstand – bewerten, denn sie haben verschiedene Erfahrungen mit einem speziellen Risiko oder auch ganz verschiedenen Risiken. Es trifft aber auch für eine einzelne Person zu, die zu verschiedenen Zeiten das gleiche Risiko verschieden bewertet. Der Informationsstand kann sich im Laufe der Zeit ändern, aber auch die psychologische Wahrnehmung durch die Umgebung. Das ist besonders durch gezielte politische Kampagnen möglich. Befinden wir uns in dieser Situation? Zusätzlich spielt die Art der Sozialisation der einzelnen Person eine Rolle. Angesichts dieser problematischen Situation in der Wahrnehmung der Risiken ist es sinnvoll sich die Fakten über den Terrorismus anzusehen, von denen wir Kenntnis haben.

Entwicklungen und Zahlen

Im Jahre 2009 hat eine Gruppe von Studenten als Hausarbeit (J. Balke 2009) versucht, an Hand von in der allgemeinen Prosa-Literatur beschriebenen Attentatsfällen

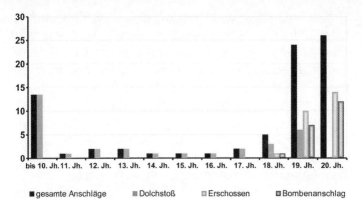

 gesamte Anschläge   Dolchstoß   Erschossen   Bombenanschlag

Bild 1: Entwicklung terroristischer Anschläge in Europa über die Jahrhunderte (J. Balke, 2009)

über die Jahrhunderte zu ermitteln, wie sich der Terrorismus in Europa entwickelt hat. Das Ergebnis ist in Bild 1 dargestellt. Wichtig ist für den Betrachter zu verstehen, dass dieses Bild nicht die wirkliche Zahl von Anschlägen in Europa wiedergibt, sondern nur die Anschläge, die es wert waren literarisch erwähnt zu werden. Es gibt also zusätzlich eine Zahl von Anschlägen, die überhaupt nicht bekannt geworden sind und zusätzlich solche, die zwar bekannt waren, aber nicht literarisch verarbeitet wurden. Trotzdem ist diese Untersuchung nicht ohne Wert. Die erste Feststellung ist die, dass über einen Zeitraum von sieben Jahrhunderten die Zahl der Attentate, die bemerkt und literarisch verarbeitet wurden, nahezu konstant blieb, nämlich zwischen einem und fünf Attentaten pro Jahrhundert. Die Schlussfolgerung ist nicht völlig abwegig, dass die wirklich durchgeführte Zahl der Attentate über die Jahrhunderte ebenfalls ungefähr konstant geblieben ist. Sozusagen der literarische Aufmerksamkeitsgrad hat sich über diesen Zeitraum nicht schwerwiegend geändert. Vergegenwärtigen wir uns, dass es über die Jahrhunderte nur einen wirklichen Modus für ein Attentat gab, und zwar den mit dem Dolch.

Um dem Opfer gegenüber zu treten – es dabei anzu-
schauen! – und es zu erstechen, waren psychologische
Eigenschaften erforderlich, die nicht sehr weit verbreitet
waren. Die Situation änderte sich jedoch drastisch ab
dem 18. Jahrhundert, da es dann neben dem Dolch zusätzlich die Pistole und die Bombe gab. Diese Waffen
waren natürlich wesentlich gefährlicher und erfolgreicher, hatten aber zusätzlich den kaum zu unterschätzen-
den Vorteil anonym einsetzbar zu sein. Massentötungen
und -attentate waren möglich geworden. Die Struktur
des Terrorismus änderte sich durch die geänderte Struktur der Mordwaffen. Gelegenheit macht nicht nur Diebe,
sondern erschließt auch neue Terrorismuskreise. Eine
Wahrheit, die wir besonders heute zur Kenntnis nehmen
müssen. Mit jeder neuen Technologie erschließt sich ein
neues Terrorismusklientel auch durch Internet und generell IT. Unsere technologische Gesellschaft ist nur zu
bereit, ach so hilfreiche neue Technologien zu entwickeln
und zu verkaufen. Die neuen Terrorismusmöglichkeiten
übersieht sie ganz geflissentlich, ganz zu schweigen von
der immer intensiveren Unterdrückung der Menschen,
der Persönlichkeitsstruktur und unserer Freiheit. Es nä-
hert sich der Tag, wo vielleicht nur noch die Neuauflage
eines Weberaufstandes hilft.

Im Gefolge des terroristischen Anschlags auf das Welthandelszentrum in New York am 11. September 2001
wurde das amerikanische Heimatministerium am 25.
November 2002 gegründet (United States Departement
of Homeland Security, DHS). Es hat ungefähr 200 000
Beschäftigte und befasst sich unter anderem auch mit
der Sammlung von Daten über terroristische Anschläge.
An Hand dieser Daten sind in Bild 2 für Europa für den
Zeitraum 1979 bis 2010 die Zahl der terroristischen Anschläge angegeben. Für den gesamten Zeitraum ergibt
sich ein Durchschnittswert von ca. 450 Anschlägen pro
Jahr in Europa. Um die Entwicklung zu verdeutlichen

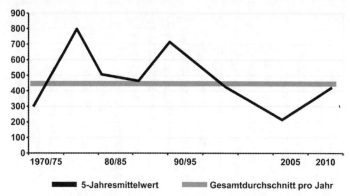

Bild 2: Terroristische Anschläge in Europa nach Daten des Amerikanischen Heimatschutzministeriums als 5-Jahresmittelwert und dem Gesamtmittelwert über den Zeitraum von 1970-2010. (Ordinate: Zahl der jährlichen Anschläge)

wurden aufgrund dieser Daten Mittelwerte zu fünf Jahren gebildet, die ebenfalls in Bild 2 eingezeichnet sind. Die Schwankungsbreite dieser Fünf-Jahres-Mittelwerte ist groß. Sie beträgt zwischen 800 Anschlägen pro Jahr in Europa als Maximalwert und 200 Anschlägen pro Jahr als Minimalwert. Für die Zeit vom 11. September 2001 bis 2010 zeigt sich eine unterschiedliche terroristische Aktivität in Europa und Deutschland, wo nur die RAF-Aktivität eine Rolle spielte. Festzuhalten ist, dass die Daten zeigen, dass es keine erhöhte Terrorismusgefahr gibt. In Bild 3 ist für den Zeitraum von 1976 bis 1995 die Zahl der weltweiten terroristischen Anschläge zusammengestellt. Sie zeigen für diese Zeitperiode ebenfalls keinen Anstieg. In Deutschland herrschte von Seiten der Behörden und der Politik trotzdem eine Art Terrorismushysterie, die sich im Speichern von Telefondaten, optischer Überwachung von Straßen, Behörden, Knotenpunkten und Bahngelände zeigte. Allerdings ist die Situation noch nicht so exzessiv wie in England, wo fünf Millionen Überwachungskameras in Betrieb sind. Diese ganze Überwachung lässt sich nicht durch das Ausmaß der

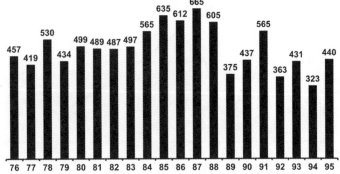

Bild 3: Internationale terroristische Anschläge 1976-1995 (Colin M. Mac, 1997)

terroristischen Aktivität begründen. Es ist eine von den USA beeinflusste Situation. Das Prinzip ist, dass diese Überwachung nicht durchgeführt wird, weil sie unter Risikogesichtspunkten nötig wäre, sondern deswegen, weil man es tun kann. Die pathologische Hysterie der USA fängt jetzt an zu uns herüber zu schwappen. Es ist keine Untersuchung bekannt, die zu eruieren vermag, welche Schäden und Risiken durch den Überwachungswahn schon jetzt entstanden oder im Entstehen begriffen sind.

Risiken im Vergleich

Wir geben viel Geld für die Minderung der Risiken in Arbeit und Umwelt aus. Diese Risiken in unserer Arbeits- und Umwelt sowie der allgemeinen Lebensführung sind recht gut bekannt. Dazu ist im Bild 4 ein Beispiel, das auf veröffentlichten Zahlen der Bundesanstalt für Arbeit- und Arbeitssicherheit aus dem Jahr 2012 beruht, aufgeführt. Es gibt die Zahl der Todesfälle für die Jahre 2008 bis 2010 in Deutschland an, und zwar die Zahl der Unfalltoten für die fünf wichtigsten gesellschaftlichen Gebiete. Es sind dies der Arbeitsbereich, der Verkehr, die Schule, die häuslichen Tätigkeiten und Freizeit/Sport.

	Jahr	Arbeit	Verkehr	Schule	Haus	Freizeit/Sport
	2008	607	4.522	8	6.865	6.596
Tödliche Unfälle	2009	506	4.377	14	7.030	6.754
	2010	525	3.834	12	7.533	7.238
	2008	1,11 Mio.	0,41 Mio.	1,39 Mio.	2,73 Mio.	2,63 Mio.
Unfallverletzte	2009	1,03 Mio.	0,40 Mio.	1,31 Mio.	2,73 Mio.	2,63 Mio.
	2010	1,14 Mio.	0.37 Mio.	1,38 Mio.	2,73 Mio.	2,63 Mio.
Verhältnis: 1 Toter/Zahl der Unfallverletzten		$\frac{1}{2.000}$	$\frac{1}{100}$	$\frac{1}{150.000}$	$\frac{1}{400}$	$\frac{1}{400}$

Bild 4: Unfallgeschehen in Deutschland für 2008 bis 2010 (baua aktuell 2012)

In der Tabelle sind jeweils für das Jahr die Toten und separat die Unfallverletzten sowie das Verhältnis von Unfalltoten und Verletzten aufgeführt.

Wollen wir diese Zahlen ins Verhältnis zu Todesfällen durch den Terrorismus setzen, so geht das für den Zeitraum 2008 bis 2010 nicht, da es keine Toten durch Terrorismus gab. Die Zahl der Toten ist generell zu gering, zu selten und der Vergleichszeitraum zu kurz. Deswegen wurde der Bereich über 42 Jahre von 1969 bis 2012 gewählt, weil bei uns während dieser Zeit der RAF-Baader/Meinhof-Konflikt schwelte.

Es ergeben sich überschlägig 1,6 Millionen Unfalltote als Summe aller fünf Bereiche von Bild 5 und weniger als 80 Tote durch terroristische Aktivitäten für den gesamten Zeitraum. (Winkler 2010)

Diese 1,6 Millionen Unfalltote sind zu vergleichen mit 60 bis 80 Toten durch Terrorismus, je nachdem, ob die Toten durch den NSU hinzugezählt werden oder nicht. Das Verhältnis der Unfalltoten zu den Terrorismustoten ist 20.000:1.

Es erhebt sich hier die Frage, in welchem Verhältnis die materiellen Aufwände einerseits zur Verhinderung

Bereich		
Arbeit	➡	35.000
Verkehr	➡	300.000
Schule	ca.	1.000
Haus	➡	500.000
Freizeit	➡	500.000

Bild 5: Überschlägige Zahl der Summe der Unfalltoten für den Zeitraum 1960–2012 in Deutschland

der durch stochastische (Unfälle) und andererseits der durch Vorsätzlichkeit (Terrorismus) resultierenden Toten stehen, die auf ein für uns gleichermaßen vertretbares Maß reduziert werden sollten. Die übrigens relativ geringe Zahl der Unfalltoten in Deutschland, verglichen mit anderen Ländern, lässt sich nur durch einen sehr großen finanziellen Aufwand für Sicherheitsmaßnahmen bei uns erreichen.

Um nochmals den Sachverhalt anders zu formulieren, was die verschiedenartige Perzeption von Risiken bewirkt: In Deutschland würde zum Beispiel die Verhinderung eines Kernenergietoten durch Strahlung ungefähr 10^8 bis 10^9 Euro kosten, wie durch extrapolierte Ereigniskurven abgeschätzt wurde. Im Straßenverkehr vermutlich 10^5 bis 10^7 Euro. In der Kernenergie sind die Kosten also 10.000 Mal höher.

Ist es akzeptabel, zur Verhinderung eines Strahlentoten zehntausend Mal mehr Geld auszugeben als zur Vermeidung eines normalen industriellen Unfalltoten, oder sollte das Geld eher und wirksamer in die generelle industrielle Sicherheitsvorsorge investiert werden, was die

Zahl der Unfalltoten insgesamt wesentlich stärker verringern würde?

Was wäre die moralische Vorstellung, die dahinter steht? Der Unterschied im Vergleich der Kosten zur Verhinderung eines Terrorismustoten und der eines üblichen Unfalltoten dürfte sich in ähnlicher Größenordnung bewegen, womit gemeint ist, dass die Aufwendung zur Vermeidung eines Terrorismustoten wesentlich größer ist, ungefähr 10 bis 100 tausend Mal mehr verglichen mit dem in Bild 5 aufgeführten Unfalltoten. Ist es also zu verantworten, enorme Geldbeträge zur Verhinderung eines Terrorismustoten zu investieren, wenn dafür hunderte tödliche Industrieunfälle verhindert werden könnten? Zusätzlich ist zu sehen, dass mit der Verhinderung von Todesfällen durch den Terrorismus wesentliche Beschränkungen unserer persönlichen und politischen Freiheiten verbunden sind, die sich nur sehr schwer monetarisieren lassen, aber tiefgreifende Änderungen in unserem Leben und unserem Lebensgefühl und den zugehörigen gesellschaftlichen Strukturen erzeugen, einschließlich möglichen Gesundheitsrisiken.

Die subtile Steuerung einer in der Sache unangemessenen Risikopolitik

Als Konsequenz einer von der Größe des Risikos unabhängigen Eindämmungspolitik werden das politische System totalitärer (Überwachungsstaat), die Rechtssicherheit geringer und willkürlicher und die Öffentlichkeit stärker manipulierbar, sowie die Pressefreiheit eingeschränkter oder stromlinienförmiger, wie in den USA deutlich zu sehen ist, aber in Teilbereichen auch bei uns. Es gibt einen subtilen Druck auf die Medien, über das vermeintlich Verachtenswerte zu berichten und anders gerichtete Fakten nicht zu erwähnen. An dieser Stelle drängt sich die Frage auf, ob vielleicht bestimmte Ängste politisch erwünscht sind, wegen der einfacheren Manipulierbarkeit der Öffentlichkeit und um andere Ziele oder besser eine andere Politik durchzusetzen.

In der Einleitung wurde der Satz zitiert: »Empörung fördert weder Wissen noch Verstehen.« Nun ist es so, dass Empörung in Bezug auf den Terrorismus von Islamisten in der westlichen Gesellschaft in den letzten Jahrzehnten eine entscheidende Rolle gespielt hat, ohne Berücksichtigung der Tatsache, was in der arabischen Welt durch den massiven Einfluss der westlichen Länder über Jahrzehnte vorher passiert ist. Es entstand in der Politik und der Bevölkerung bei uns eine vorherrschende Ansicht, dass mit dem 11. September 2001 eine völlig neue Situation entstanden sei. Und das ohne Berücksichtigung der brutalen Geschehnisse, die sich 30 bis 50 Jahre vorher im Mittleren und Fernen Osten mit Unterstützung der westlichen Alliierten abgespielt hatten. In den USA und, im massiven Gefolge, auch unter den Deutschen und westlichen europäischen Völkern hat nach dem 11. September 2001 eine voraussetzungslose Politik der Empörung über insbesondere Teile der arabischen Welt um sich gegriffen.

Die Exzesse, wie sie sich durch den NSA-Skandal Ende 2013 in den USA, aber ähnlich auch in England manifestierten, zeigen uns, dass eine den Fakten angemessene Risikobewältigung im Augenblick in der westlichen Welt nicht mehr möglich zu sein scheint. Bewältigungswürdig an Gefahren ist offensichtlich nur das, was die Politik dazu erklärt und definiert, aber nicht das, was den einzelnen Bürger am stärksten bedroht.

Würden die USA zum Beispiel einen Bruchteil des Geldes, mit dem die NSA finanziert wird in die Bekämpfung des Waffenmissbrauchs in ihrem eigenen Land investieren, so könnten mehrere tausend Kinder pro Jahr vor dem Tod durch Waffen oder Morde in den USA bewahrt werden, ganz zu schweigen von der viel größeren Zahl vermeidbarer Opfer unter Erwachsenen. Man spricht von ca. 70.000 Toten pro Jahr. Die USA wählen also zwischen den Risiken des Kindermordes und den Risiken hypothetischer Terroranschläge. Offensichtlich durch das Ereignis 9/11 bestimmt, wird zu Ungunsten der eigenen Kinder entschieden, jedoch in Wirklichkeit zu Gunsten einer Wirtschafts- und Spionagepolitik.

Ohne hierauf im Einzelnen einzugehen, müssen wir uns dies bei der Perzeption und Bewertung von Risiken bei unseren politischen Schritten vor Augen halten, um zu einer sachangemessenen Politik zu kommen. Eine Forderung, die in Deutschland kein politisches Thema ist und auch von der Öffentlichkeit nicht aufgenommen wird.

Wie nimmt jetzt speziell unsere Bevölkerung die vorher angesprochenen Risiken – besonders die des Terrorismus – wahr?

Die Wahrnehmung der Risiken im heutigen Deutschland

In seinem Buch »Erkundungen zur Zivilgesellschaft« hat Baldo Blinkert (2013) in einem Kapitel versucht, die Frage »Was bedroht das Sicherheitsempfinden der Deutschen?« durch Untersuchungen zu beantworten. Dazu hat er in einem vom BMBF geförderten Forschungsprojekt eine vergleichende Untersuchung zu einer früheren Untersuchung des Versicherungskonzerns R+V durchgeführt. Es sollte die Sicht der Deutschen über die gegenwärtige Bedrohung des Sicherheitsempfindens ergründet werden.

Die beiden Vorhaben hatten ähnliche Fragestellungen. R+V benutzte allerdings für die Befragung einen vor der Befragung festgelegten Fragenkatalog, während Blinkert eine nicht fixierte, offene Befragung durchführte, bei der die Befragten ihnen wichtige Themen anschneiden und benennen konnten. Damit sollte verhindert werden, dass für die persönliche Bewertung wichtige Themen für den Befragten unter den Tisch fielen, falls diese Themen im Fragenkatalog nicht auftauchten. Die Befragten sollten ihre Sicht für drei Bereiche, nämlich für die persönliche Sicherheit, für die allgemeine Sicherheit und für die Sicherheit am Wohnort darlegen. Außerdem wurden die drei Bereiche jeweils in 13 Unterkategorien (Spalte 1) abgefragt. Die Ergebnisse sind in Tabelle 1 zusammengefasst, die in geänderter Form von Blinkert übernommen wurde. Das Ergebnis der Befragung, mithin die Meinung der Bevölkerung, ist in Anbetracht der wirklichen Risikosituation, wie sie aus leicht zugänglichen Statistiken zu erkennen ist, alarmierend.

Ergebnis der Befragung über die Bedrohungsintensität

Es ist Allgemeinwissen, dass die in Tabelle 1 in der Spalte Grundkategorien unter Nr. 12 angesprochenen Unfälle in ihrer Gesamtheit das größte Risiko für den Normalbürger bei uns sind. Gleichzeitig ist sehr bemerkenswert, dass in dieser Tabelle unter der Spalte »allgemeine Sicherheit« in der 3. Zeile der höchste Wert aller Nennungen bei der Befragung mit 56% beim Terrorismus auftaucht. Die Bevölkerung ist also der Ansicht, dass Terrorismus am stärksten ihr Sicherheitsempfinden bedroht. Wird über alle 39 möglichen Bedrohungen unabhängig von der Art der Spalte in Tabelle 1 die empfundene Intensität der Bedrohung in einer Reihung aufgeführt, so erhält man Tabelle 1A. In dieser Tabelle sind die ersten sieben Kategorien als Kästchen schraffiert und der Platz in der Reihung jeweils mit einer umkreisten Zahl beziffert. Erschütternd ist, dass alle Formen der Kriminalität (in der Tabelle: persönlich, allgemein, Wohnort) als weniger

Tabelle 1: Grundkategorien zur Beschreibung von Ereignissen, die als bedrohlich gelten (nach Blinkert 2013, geändert)

Grundkategorien	Beispiele	Prozent der Nennungen		
		persönliche Sicherheit	allgemeine Sicherheit	Sicherheit am Wohnort
1. den Zivilisationsstandard schädigende Ereignisse	Prostituierte, Drogenabhängige, Verwahrlosung	15	5	32
2. Kriminalität	alle öffentlichen Formen	42	31	26
3. Terrorismus	Bombenanschläge, Selbstmordattentate	9	56	0
4. technische Großunglücke	Industriell technische Katastrophen	10	22	0
5. Umweltkatastrophen	Überschwemmungen, Stürme	7	10	0
6. Kriege	Angriffe auf Deutschland, internationale Kriege	2	7	0
7. Defizite, Krisen von Politik und Staat	Vertrauensverlust in Politik: Zuwanderungspolitik, Bildungspolitik, Sozialpolitik, Außenpolitik	6	24	4
8. gesellschaftliche, kulturelle Probleme	Werteverfall, Parallelgesellschaften, Verfall der Familie, Medienprobleme	6	22	5
9. wirtschaftliche Krisen	Finanz-, Euro-, Schulden-, Energiekrise	4	14	0
10. wirtsch. prekäre Verhältnisse	Armut im Alter, Verlust der Arbeit	20	7	1
11. Bedrohung menschlicher Beziehungen	Scheidung, Trennung, Verlust eines Partners	5	0	0
12. Unfälle	Verkehrs-, Arbeits-, Freizeit-, häuslicher Unfall	23	5	2
13. gesundheitliche Probleme	schwere Krankheit	30	12	0

bedrohlich im Vergleich zum Terrorismus eingestuft werden. Zur Erläuterung ist in Bild 6 die Entwicklung der Anzahl der Straftaten von 1994 bis 2012 aufgeführt, die

Tabelle 1A: Grundkategorien zur Beschreibung von Ereignissen, die als bedrohlich gelten. Reihenfolge der ersten sieben Nennungen, unabhängig ob persönlich, allgemein oder Wohnort (nach Blinkert 2013, geändert)

Grundkategorien	Beispiele	Prozent der Nennungen		
		persönliche Sicherheit	allgemeine Sicherheit	Sicherheit am Wohnort
1. den Zivilisationsstandard schädigende Ereignisse	Prostituierte, Drogenabhängige, Verwahrlosung	15	5	32 ③
2. Kriminalität	alle öffentlichen Formen	42 ②	31 ④	26 ⑥
3. Terrorismus	Bombenanschläge, Selbstmordattentate	9	56 ①	0
4. technische Großunglücke	Industriell technische Katastrophen	10	22	0
5. Umweltkatastrophen	Überschwemmungen, Stürme	7	10	0
6. Kriege	Angriffe auf Deutschland, internationale Kriege	2	7	0
7. Defizite, Krisen von Politik und Staat	Vertrauensverlust in Politik: Zuwanderungspolitik, Bildungspolitik, Sozialpolitik, Außenpolitik	6	24	4
8. gesellschaftliche, kulturelle Probleme	Werteverfall, Parallelgesellschaften, Verfall der Familie, Medienprobleme	6	22	5
9. wirtschaftliche Krisen	Finanz-, Euro-, Schulden-, Energiekrise	4	14	0
10. wirtsch. prekäre Verhältnisse	Armut im Alter, Verlust der Arbeit	20	7	1
11. Bedrohung menschlicher Beziehungen	Scheidung, Trennung, Verlust eines Partners	5	0	0
12. Unfälle	Verkehrs-, Arbeits-, Freizeit-, häuslicher Unfall	23 ⑦	5	2
13. gesundheitliche Probleme	schwere Krankheit	30 ⑤	12	0

für das Jahr 2012 5.997.040 Straftaten angibt, eine im Vergleich horrende Zahl, die die Terrorismuswahrnehmung offensichtlich nicht tangiert.

In Tabelle 1B ist für die »allgemeine Sicherheit« (Spalte 4) die Reihung für die ersten sieben Nennungen schraf-

Tabelle 1B: Grundkategorien zur Beschreibung von Ereignissen, die als bedrohlich gelten. Reihenfolge der ersten 7 Nennungen für die »allgemeine Sicherheit« (nach Blinkert 2013, geändert)

Grundkategorien	Beispiele	Prozent der Nennungen		
		persönliche Sicherheit	allgemeine Sicherheit	Sicherheit am Wohnort
1. den Zivilisationsstandard schädigende Ereignisse	Prostituierte, Drogenabhängige, Verwahrlosung	15	5	32
2. Kriminalität	alle öffentlichen Formen	42	31 ②	26
3. Terrorismus	Bombenanschläge, Selbstmordattentate	9	56 ①	0
4. technische Großunglücke	Industriell technische Katastrophen	10	22 ④	0
5. Umweltkatastrophen	Überschwemmungen, Stürme	7	10	0
6. Kriege	Angriffe auf Deutschland, internationale Kriege	2	7	0
7. Defizite, Krisen von Politik und Staat	Vertrauensverlust in Politik: Zuwanderungspolitik, Bildungspolitik, Sozialpolitik, Außenpolitik	6	24 ③	4
8. gesellschaftliche, kulturelle Probleme,	Werteverfall, Parallelgesellschaften, Verfall der Familie, Medienprobleme	6	22 ⑤	5
9. wirtschaftliche Krisen	Finanz-, Euro-, Schulden-, Energiekrise	4	14 ⑥	0
10. wirtsch. prekäre Verhältnisse	Armut im Alter, Verlust der Arbeit	20	7	1
11. Bedrohung menschlicher Beziehungen	Scheidung, Trennung, Verlust eines Partners	5	0	0
12. Unfälle	Verkehrs-, Arbeits-, Freizeit-, häuslicher Unfall	23	5	2
13. gesundheitliche Probleme	schwere Krankheit	30	12 ⑦	0

fiert aufgeführt und in der Rangordnung mit einer umkreisten Ziffer bezeichnet.

Über Gesundheitsprobleme, Wirtschaftskrisen, Verlust an gesellschaftlich-kulturellen Werten bis hin zu technischen Großunglücken wird alles als weniger bedrohlich als Terrorismus empfunden.

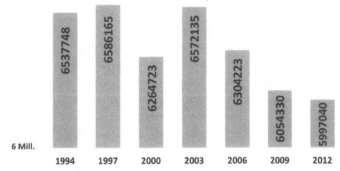

Bild 6: Entwicklung der Anzahl der Straftaten 1994–2012 in Deutschland (BMI 2012)

Damit erhebt sich die Frage, wie eine derartig gravierende Fehleinschätzung bei der Bewertung durch die Befragten möglich ist? Die Antwort liegt wohl bei der Einwirkung von Politik und Medien auf das Welt- und Lebensbild der Bevölkerung. Zu vermuten ist, dass es hier zwei Gründe gibt. Der eine Grund liegt in der Medienkampagne, aber auch in der beispiellosen militärischen und politischen Aufrüstung in den USA, die nach dem 11. September 2001 einsetzte. Die Wahrnehmung in der Bevölkerung ist wohl die, dass bei zwei Kriegen (Zweiter Irakkrieg, Krieg in Afghanistan) plus dem Pakistankonflikt plus zusätzlichen unerklärten Drohnenkriegen in weiteren Ländern eine wirklich große Gefahr existieren müsse, vor der wir uns zu fürchten haben, denn sonst gäbe es die Kriege ja nicht. Dass diese Gefahr nicht notwendigerweise etwas mit Terrorismus zu tun hat, steht auf einem anderen Blatt und wird nicht wahrgenommen. Später darüber mehr.

Der zweite Grund liegt wohl bei den deutschen Medien und der deutschen Politik und dem Missverständnis über die Situation, in der sich Deutschland befindet. Die deutschen Medien sind in ihrer Berichterstattung in vielen Fällen den amerikanischen Medien gefolgt. Die deutsche Politik unter Bundeskanzler Schröder hat zwar erkannt, dass der Irakkrieg schon vor dem 11. September 2001 geplant war und kaum etwas mit Terrorismus zu tun hatte, aber später ist die deutsche Politik den amerikanischen Vorgaben gefolgt, so dass sich eine Situationsperzeption entwickeln konnte, die die Terrorismusfurcht vergrößerte. Hinzu kommt, dass Deutschland sowohl in der Öffentlichkeit, aber besonders in der Industrie einem erheblichen Sabotagerisiko ausgesetzt ist – mit großen wirtschaftlichen Folgen. Die Öffentlichkeit kann zwischen diesen beiden Risiken zum Teil nicht wirklich unterscheiden, obwohl das Eine nichts mit dem Anderen zu tun hat. Sabotage muss, allein wegen der großen Schäden, deutlich massiver bekämpft werden. Unsere Antiterrorismuspolitik allerdings ist da kontraproduktiv.

Die in Tabelle 1 aufgeführten Ergebnisse basieren auf 405 umfangreichen Einzelbefragungen, wobei die Hälfte der Gespräche in Ostdeutschland, die andere Hälfte in Westdeutschland durchgeführt wurde; und das jeweils in zwei städtischen und zwei ländlichen Regionen. Jedes dieser Einzelgespräche dauerte ungefähr 90 Minuten. Es waren, wie gesagt, ergebnisoffene Gespräche und kein vorgegebener Fragenkatalog. Auf diese Weise wurde verhindert, dass Stellungnahmen nur zu vorgeprägten vermeintlich wichtigsten Problemen abgegeben wurden. Es wurde eine Prägung durch die offiziöse Politik verhindert. Im Durchschnitt wurden sechs Sichten beziehungsweise Bewertungen pro Person und Interview abgegeben.

In dem betrachteten Zeitraum von 52 Jahren stehen den ca. 80 Terrorismustoten 1,6 Mill. Unfalltote gegenüber und zusätzlich ca. 240 Mill. Unfallverletzungen.

Brisant werden diese Einschätzungen, wenn zu überlegen ist, was diese krassen Unterschiede zwischen der persönlich empfundenen Risikobewertung und den tatsächlichen vorhandenen Risiken für die daraus resultierenden politischen Handlungsweisen für uns, aber auch die entsprechenden politischen Aktionen bedeuten.

Die Statistik der Befragung von Blinkert hat in Bezug auf Schwankungen einen mittleren Vertrauensbereich. Sie ist vergleichbar mit den periodisch in den Medien publizierten Wahlumfragen. Die Ergebnisse dürften also eine Streuung von +/- 2% haben. Für qualitative Aussagen, wie wir sie hier treffen müssen, ist das sicherlich ausreichend. Die entscheidende Frage ist doch also: Warum fühlt sich die Bevölkerung durch 35.000 Unfalltote pro Jahr, alle Bereiche zusammen genommen, nur halb so stark bedroht, verglichen mit üblicherweise weniger als einem Terrorismustoten pro Jahr? Oder umgekehrt formuliert: Warum ist ein wahrscheinlich nicht eintretender Terrorismustoter pro Jahr viel gefährlicher und bedrohlicher als sicherlich eintretende 35.000 Unfalltote pro Jahr?

Seit dem 11. September 2001 geht ein Trommelfeuer von Terrorismus bezogenen Nachrichten auf die Bevölkerung nieder – zum einen gespeist von unseren eigenen Medien. Diese mediale Flutwelle ist gefühlt größer als die zur Zeit des RAF-Konfliktes. Hinzu kommt aber, dass durch einen wesentlichen Teil unserer Medien, und hier hauptsächlich das Fernsehen, durch das so schöne, dramatische Bilder geliefert werden, ausgesprochen US-amerikanische Sichten, Gefühle und Wertungen über den Terrorismus verbreitet werden. Hier zeigt sich, dass Dank unserer unreflektierten Politik gegenüber allen Aspekten der USA, Deutschland faktisch zum 51. Staat der USA in dieser Hinsicht geworden ist.

Das beweist sich besonders in der naiven Hilflosigkeit des politischen Deutschlands Anfang 2014 in der NSA-Spionageaffäre, einschließlich des Abhörens des Mobil-Telefons der deutschen Bundeskanzlerin und der Unwilligkeit der USA die Spionage Deutschland gegenüber aufzugeben.

Die Ausrichtung unserer Medien und deren Berichterstattung sind so schieflastig geworden, dass auf diese
Weise die amerikanische Terrorismushysterie unsere Politik, unser Verhalten und unsere Meinungsunabhängig-
keit untergraben.

Schieflastigkeit der Berichterstattung

Wie einäugig unser Verhalten geworden ist, lässt sich an
Beispielen zeigen:

In einem Positionspapier hat die Europäische Kommis-
sion ihre Position definiert, welche Gruppen sie als terroristische Gruppen einstuft und entsprechend behandelt
(CCP 2006).

Es wurden insgesamt 48 Gruppen oder terroristische
Bewegungen klassifiziert und unter der Position 41 der
Sendero Luminoso (Leuchtender Pfad) benannt, eine
linke terroristische peruanische Bewegung, die nach
Schätzung einer peruanischen Untersuchungskommis-
sion ca. 70.000 Menschen das Leben kostete, wobei der
allergrößte Anteil dieser Toten von den Terroristen selbst
ermordet wurde (und nicht vom staatlichen Militär).

Bis jetzt sind in den USA weniger als 4.000 Amerikaner durch Terroristen ermordet worden (hier ist nicht die
Rede von Auslandskriegen wie Irak, Afghanistan, Jemen
usw.). Die Einwohnerzahl von Peru ist im Jahre 2012
geringer als 30 Millionen Personen; die Einwohnerzahl
der USA beträgt ca. 310 Millionen Personen, also das
10fache von Peru. Im bevölkerungsbezogenen Vergleich
kamen in Peru also 200-mal mehr Personen durch Terroristen ums Leben als in den USA. Umgekehrt ist die
mediale Aufbereitung in Peru nicht 200-mal größer als
in den USA sondern erheblich kleiner. Die mediale Verkaufbarkeit wird in den USA anders benutzt, sie ist ein
Vehikel für einen Strauß von politischen Zielen.

In Deutschland, in der Bevölkerung, in den Medien,
aber auch zum Teil in der Politik weiß man von diesen

verschiedenen Perzeptionen fast nichts. Risiken und Terrorismus sind keine absoluten Größen, sondern sie sind relational zu ihren Kontexten.

Wir in Deutschland reagieren nicht, wie wir gesehen haben, auf die Risiken und realen Gefahren, sondern wir reagieren auf die mediale Aufbereitung, und besonders dabei auf die der terroristischen Risiken.

In dieser Hinsicht – also bezüglich der medialen Aufbereitung – sind die Amerikaner allen anderen Nationen haushoch überlegen. Schlimm an dieser Situation ist, dass unsere Politik eine Funktion dieser medialen Aufbereitung geworden ist. Sehr zum Schaden unserer Sicherheit.

Aus dieser Situation heraus ist es zu erklären, dass in dem von Blinkert durchgeführten Forschungsvorhaben die größte Bedrohung der allgemeinen Sicherheit im Terrorismus gesehen wird, während in der Realität dieses Risiko nahe bei Null liegt. Die tatsächliche Bedrohung unserer Sicherheit wird nicht gesehen. Diese Situation ist aber kein akademisches Problem. Es hat für uns alle und für das Überleben unserer Gesellschaft gravierende Konsequenzen.

Es wird später noch ausführlich über die Antiterrorismuspolitik der USA zu reden sein und die Wurzeln dieses Verhaltens, die in einer Reihe von Fehleinschätzungen begründet sind. Für Deutschland erzeugt diese Situation bedrohliche Konsequenzen. In beiden Ländern, also den USA und Deutschland, wie generell in der westlichen Welt, wird die Lösung der eingeredeten Gefahr des Terrorismus in der präventiven Überwachung der gesamten Bevölkerung gesehen. Das betrifft die Telefonüberwachung, die »präventive Datenspeicherung« genannt wird, das betrifft die Internetüberwachung, das betrifft die Überwachung und Datenspeicherung von öffentlichen Plätzen, Straßen und Gebäuden, das betrifft aber auch Kontodaten und Bankbewegungen.

Zusätzliche Probleme

Dies bringt zweierlei Probleme mit sich. Das eine Problem liegt in der unreflektierten Annahme, dass alle unsere staatlichen Strukturen dauerhaft zu 100% demokratischem Verhalten entsprechen. Heutzutage sind wir nur zu gerne bereit zu unterstellen, dass das so ist und so bleibt. Dabei wird übersehen, dass jede krisenhafte Zuspitzung das sehr schnell ändern kann.

Das weitaus größere Problem ist aber in der Tatsache zu sehen, dass es keine Datenbank und keinen sicheren Ort gibt, aus dem Daten nicht unbefugt herausgegriffen werden können. Das größte Risiko ist dabei die Insidersabotage, der Schaden, der durch Innentäter entsteht. Leider haben in den letzten Jahren einige Landesregierungen in Deutschland durch den Kauf von Schweizer Schwarzgeld-CD`s unrühmliche Beispiele gegeben. Das war glatte Hehlerei, bei der man sich bis heute über die Folgen nicht im Klaren ist.

Befragungen in der Industrie haben gezeigt, dass über 60% der Mitarbeiter in Fällen der Kündigung, wo auch immer, Daten mitgehen lassen würden.

Alle Daten der Bürger, die unter dem Vorwand des Antiterrorkampfes gespeichert werden, sind dem erheblichen Risiko des Datenklaus ausgesetzt, um damit Geld oder Einfluss zu gewinnen. Die Frage ist durchaus offen, ob es risikoreicher ist Daten zu speichern, die dem Bürger schaden oder keine Überwachungsdaten zu speichern. Die Politik in Deutschland ist in dieser Beziehung naiv und schwimmt eher mit den medialen Erregungswellen, als sich nach einer Analyse zu richten, was sicherer ist und was nicht!

II

Erkennen basaler kultureller Unterschiede und deren Folgen für den Konflikt

Kriegsführung als Funktion betriebswirtschaftlichen Denkens

Liest man die Geschichte der letzten zweihundert Jahre in Bezug auf die Verwerfungen der sozialen und politischen Umstände, so liest man gleichzeitig die Geschichte der die Gesellschaft überrollenden Kriege. Bezeichnend ist für die damalige wie heutige relativ strikte Sichtweise, dass diese Kriege durch einige wenige Zahlen charakterisiert werden, sieht man sich die medialen Verlautbarungen an und nicht Geschichtsbücher oder Kriegskompendien: Am I. Weltkrieg waren 40 Staaten beteiligt mit 70 Millionen Mann unter Waffen, es gab insgesamt 7 Millionen Ziviltote und 4,2 Mill. tote Soldaten bei den Mittelmächten und 5,4 Mill. Tote bei den Gegnern. In vielen Charakterisierungen ist das der gegebene Rahmen der Erkenntnis. Ähnlich etwa für den II. Weltkrieg. Dort gab es in Deutschland 4 Mill. Ziviltote und 3 Mill. getötete Soldaten. Bei den Gegnern 15 Mill. Ziviltote und 14 Mill. tote Soldaten.

Im Vietnamkrieg wurden ca. 3 Mill. Vietnamesen getötet, viermal so viele Zivilisten wie Soldaten und 60.000 US-Soldaten, bei letzteren 18% durch »friendly fire«. Charakteristisch für alle solche Angaben und Zahlen ist die Vorstellung, dass mit dieser Art von Ziffernkombinationen Wesentliches über die Bedeutung, den Verlauf, Sieg oder Niederlage gesagt ist, weil implizit unterstellt wird, dass sich hinter jeder Ziffer die gleiche Wertigkeit und Wichtung verbirgt.

Also, hundert getötete Deutsche und ebenso viele Franzosen bedeuten ein Gleichgewicht der Kampfschlagkraft, allenfalls durch unterschiedliche technische

Bewaffnung moderiert. Mit der Größe der Ziffer wird die Höhe des Erfolges gleichgesetzt.

Wir erinnern uns noch an die Berichterstattung aus dem Vietnamkrieg, bei der eine Tagesmeldung zum Beispiel aus der Information über die Tötung von 27 Vietkong-Soldaten bestand, oder im Afghanistankrieg die Tötung von 14 Talibankämpfern. Diese Darstellung ist bis heute so geblieben!

Am 27. April 2014 vermeldete die FAZ, dass die USA 40 Al-Kaida-Kämpfer im Jemen durch Drohnenangriffe getötet haben. (FAZ 27.04.2014) Übrigens, ein Teil der Kämpfer fuhr laut FAZ in geschlossenen PKWs. Das heißt, die am Schreibtisch sitzenden Drohnenpiloten konnten genialerweise durch das Blech des PKWs die Identität der Kämpfer feststellen. Gemeinsam ist all diesen Berichten, dass im kriegstechnischen Sinne mit der Benennung der Ziffern offensichtlich beabsichtigt ist, etwas dazu Korrelierendes über die Größe des Schadens und Erfolges zu sagen. Was praktisch nie geäußert oder thematisiert wird, sind die die Konfliktparteien eigentlich antreibenden und steuernden Kräfte aus der kulturellen, sozialen und ideologisch prägenden Vergangenheit. Das hat tiefgreifende Konsequenzen zur Folge.

Diese Denkweise ist für die Kriegsparteien nicht nur kommensurabel, sondern birgt zusätzlich eine bestimmte Strategie in sich, die bei den kriegsführenden Anführern zumindest im Unterbewussten präsent ist. Sie führt zu einem Zahlenfetisch und bestimmt die strategische Handlungsweise. Sie definiert Erfolg und Misserfolg. Je größer die Zahl der zu erzielenden Toten, desto größer der Erfolg. Kriegsführung besteht darin, immer mehr Menschen zu töten und immer effektiver, so ähnlich wie am Fließband, wo mit immer weniger Aufwand immer mehr Autos produziert werden. Dieses Handeln und Denken hat die gleiche Grundlage wie betriebswirtschaftliches Vorgehen bei der Gewinnoptimierung. Und

in der Tat haben die USA schon im II. Weltkrieg betriebs-
wirtschaftliche Überlegungen in ihrer Kriegsführung und
in die Bewältigung der Aufwendung und Erfolgsplanung
eingeführt (Lepenies, 2013). Siege wurden nur durch die
Strategie der eigenen größeren Masse und Zahl geplant.

Betriebswirtschaftliches Denken ist eine Erscheinungs-
form und ein Merkmal unserer Kultur und insbesondere
der Kultur der USA. Betrachtet man die erhebliche Zahl
der Kriege, die die USA geführt haben, so wird deutlich,
dass dieses Erfolgsrezept auch als Erfolgsrezept für die
Militärstrategie mit eingesetzt wurde und wird. Dass diese Kriegsstrategie mit der Zeit nicht immer Erfolg hatte,
weil entweder den Planern die »Betriebsstruktur« nicht
klar war, oder weil sie verkannt hatten, dass nicht überall die entsprechenden Randbedingungen existierten,
zeigte sich durch Schattierungen im Vietnam-Krieg, aber
nachfolgend erheblich klarer im zweiten Irakkrieg und
in Afghanistan. In Vietnam waren die USA und ihre Verbündeten technisch und an Zahl dem Vietkong haushoch überlegen, trotzdem mussten die USA letztendlich
einem Waffenstillstand zustimmen. Das war eine ek-
latante Verletzung der »betriebswirtschaftlichen« Planung. Bis zur TET-Offensive – Beginn 31. Januar 1968
– glaubte die USA dicht vor dem Sieg zu stehen. Die be-
triebswirtschaftliche Strategie legte eine verhängnisvolle
Fährte für die USA. Im Irak und Afghanistan zeitigt das
Ende des Krieges im Ergebnis eine schlechtere Situation in allen Bereichen als zu Beginn. Im Irak ist zum
Zeitpunkt Juni 2014 die Situation völlig außer Kontrolle
geraten. Dazu mehr im Kapitel III. In Afghanistan haben
sich die US-Truppen 2014 hastig aus dem gesamten
Land zurückgezogen. Es sieht so aus, dass das Voraus-
setzen der Gültigkeit der Zahlenstrategie und der Randbedingungen nicht mehr sachgerecht sind. Aber mehr
noch, die Strategie basierte auf falschen Grundannah-
men, nämlich der Grundlage des gleichwertigen Inhalts

der Zahlen. Wenn die Kriegsstrategie zwischen beiden Konfliktparteien nicht mehr in der gleichen Denkweise ausgeführt ist, so kann die gegenseitige Erkenntnis der Situation ein Problem sein, das zu krassen Fehlhandlungen führt.

Auffällig ist, dass die USA bzw. die westlichen Verbündeten anfingen Kriege in den Ländern nicht zu gewinnen, in denen nicht nur eine andere Religion oder Ideologie herrschte, sondern ein völlig anderes Kulturverständnis.

Eines der vielen Anzeichen für das Versagen der betriebswirtschaftlichen Kriegsphilosophie für die westlichen Länder ist das keineswegs nur noch sporadische Auftreten von Selbstmordattacken. Offensichtlich bedeutet der Tod für diese Gesellschaften mit anderer Ideologie und Religion etwas anderes als die Kriegswährung der erzielten Toten in den USA und den westlichen Ländern. Selbstmordattentate sind nach der Häufungen der letzten drei bis vier Jahre zu urteilen keine Verzweiflungstaten mehr, sondern eine wohlüberlegte Strategie, die mit einem ganz anderen Weltbild verbunden ist. Sie beruht auf einer anderen Kultur und einem anderen Verhältnis zum Jenseits. Der Konflikt zwischen den USA und Al-Kaida ist kein Konflikt, wie wir viele in den letzten zwei Jahrhunderten gesehen haben, sondern ein grundlegend andersgearteter Konflikt zwischen zwei verschiedenen Kulturen. Was das für Konsequenzen hat, wird nachfolgend weiter analysiert.

Gibt es Denken auf Asiatisch?

Kurz nach der letzten Jahrtausendwende hat Ulrich Kühnen, Professor für Psychologie an der Universität Bremen, die Frage aufgeworfen, ob es ein »Denken auf Asiatisch«, sozusagen im Gegensatz zum westlich-abendländischen Denken gibt (Kühnen, 2003). Eine Frage, die für die Entstehung und Bewertung von Konflikten zwischen islamischen Ländern und westlichen

Ländern, besonders den USA, weniger Europas, von großer Bedeutung ist. Kühnen stellt fest, dass es für erkenntnistheoretische Überlegungen gut ist, sich mit kulturellen Prägungen auseinander zu setzen. »Es kann entscheidend sein, kulturell begründete Unterschiede in der Denkart des Gegenübers zu erkennen, denn Wissenschaftler, aber auch im Konfliktfalle politische Exponenten und die Führer auf der anderen Seite der Erde müssen aus identischen Informationen und Sachverhalten nicht unbedingt dieselben Schlüsse ziehen«, so Kühnen. »Bis zum heutigen Tage ist die Situation so, dass viele Wissenschaftler wie auch politische Denker nach wie vor annehmen, dass die grundlegenden Denkvorgänge universell, also bei allen Menschen identisch ablaufen.«

Die Verfechter dieser Richtung, insbesondere die Kognitionswissenschaftler, vergleichen den menschlichen Geist gerne mit einem Computer. In diesem Bild ähnelt das Gehirn der elektronischen Hardware eines Rechners. Denkprozesse entsprechen der Software, und Inhalte, über die wir nachdenken, dem Daten-Input in das System. Hardware und Software in diesem Vergleich (also die Struktur und Gedankenwelt des menschlichen Gehirns), so das Argument, seien in den Jahrmillionen der Evolution entstanden; das sei eine sehr große Zeitspanne. Verglichen damit ist die Entwicklungszeit von Kulturen sehr kurz; abendländisches Denken beispielsweise existiert seit zwei- bis dreitausend Jahren, die Entwicklung des Konfuzianismus geht über ca. zweitausend Jahre. Deswegen könne das Denken kaum durch kulturelle Entwicklungen geprägt sein. Auftretende Unterschiede, die für einen Einfluss der Kultur auf das Denken sprächen, seien durch die Art der Fragestellung, die schon kulturspezifisch sein könnte, entstanden, aber nicht durch das Denken selbst.

Neuere Forschungsergebnisse in Verbindung mit ausführlichen Experimenten hingegen lassen an dieser Lesart erhebliche Zweifel aufkommen. Sie belegen, dass selbst grundlegende Denkvorgänge kulturell geprägt sind. (Kühnen 2003). Eine Feststellung, deren Bedeutung für den USA-Al Kaida-Konflikt und generell für unsere westliche Gesellschaft nicht zu unterschätzen ist.

Das heißt mit anderen Worten, dass beispielsweise Amerikaner verglichen mit Chinesen oder Islamisten aus identischen Sachverhalten aufgrund ihrer jeweiligen anderen Denkweise eine völlig andere »Wirklichkeit« wahrnehmen und, gravierender noch für den westliche Welt-Islam-Konflikt, zu völlig anderen Vollzugshandlungen kommen können.

Verschiedene Weisen der Selbstkonstruktion

Die Art und Weise, wie das Verhältnis zwischen dem Einzelnen und dem Sozialen, zwischen dem Individuum und der Gesellschaft verstanden wird, bildet den Kern zentraler Dimensionen, auf denen sich Kulturen voneinander unterscheiden (Kühnen 2013).

In früheren Jahren gab es zunehmend psychologische und anthropologische Hinweise und teilweise Beweise, dass Menschen divergierende Ansichten über sich selbst hatten. Das meiste, was die Psychologen damals allerdings über das menschliche Wesen wussten, beruhte auf einer singulären Sicht – der sogenannten westlichen Sicht über das Individuum als einer unabhängigen, in sich geschlossenen Einheit, die einen einzigartigen Satz interner Eigenschaften besitzt wie: Merkmale, Fähigkeiten, Motive und Werte, und dass sich dann entsprechend dieser Werte verhält (Geertz,1975; Sampson, 1988). Das Ergebnis dieser kulturunabhängigen Einstellung zum Selbst hat allerdings das Verständnis von Psychologen bei Problemen, die mit dem Selbst verkoppelt waren, sehr beschränkt bzw. in Teilbereichen nahezu unmöglich gemacht. Deshalb haben Markus und Kitayama (1991) als Erste den Vorschlag unterbreitet, die

Konstruktion des Selbst, der Anderen und die der Verbindung zwischen Selbst und Anderen auf eine andere Basis zu stellen, indem der Einfluss und die Wechselwirkung als möglichst verschiedenartig bei verschiedenen Kulturen akzeptiert werden. Auf diese Weise lassen sich Phänomene verstehen, die sonst nicht erklärbar sind. So unterscheidet man entsprechend zwischen einer independenten und einer interdependenten Sicht.

Ein einfaches Beispiel aus dem Alltagsleben (New York Times 1989): Eine kleine texanische Firma wollte die Produktivität erhöhen. Deshalb wurde den Angestellten empfohlen, um das Selbstgefühl zu erhöhen, in den Spiegel zu blicken und 100 mal zu sagen: »Ich bin schön«. Japanische Supermarktangestellte wurden angewiesen, unter denselben Gesichtspunkten der zu steigernden Produktion, ihren Tag zu beginnen, indem sie sich gegenseitig im Kreis die Hände hielten und dabei zu der Nebenperson zu sagen: »Sie sind schön«. Sehr deutlich: zwei völlig verschiedene Kulturen des Selbst.

Wir als westlich geprägte Individuen sind durch die jahrhundertealten philosophischen Traditionen des antiken Griechenlands konditioniert, die durch eine reduktionistische Denkweise zu kausalen Gesetzmäßigkeiten und dem Prinzipiellen der Sache führen, während die asiatische Wissenschaft eine ganzheitliche holistische Tradition begründet hat, die das Umfeld nicht außer Acht lassen kann. Dieser Unterschied kann zu zwei völlig verschiedenen Arten der Lebens- und Krisenbewältigung führen. Das ist ein möglicher Hinweis für unsere heutige Zeit, warum der Konflikt mit so großer Unbeugsamkeit und so viel Vernichtungswillen – auf beiden Seifen – zwischen den USA und den islamischen Terrorgruppen geführt wird. Die USA verlassen dabei in diesem Konflikt völlig ihre freiheitlich-menschliche Tradition.

U. Kühnen hat kürzlich in einem Artikel über die zwei wesentlich unterschiedlichen Formen des Selbstkonzeptes, das eine entscheidende Bedeutung für das Handeln hat, ausgeführt: »Besonders in der Kultur vergleichenden Psychologie widmen sich zahlreiche Studien dem Selbstkonzept ... da es zahlreiche Befunde gibt, die kulturbedingte Unterschiede im Selbstkonzept aufzeigen ... was bedeutsame Konsequenzen für psychische Prozesse zur Folge hat.« (Kühnen 2013) Er zitiert ebenfalls Markus und Kitayama (2010): »In laufenden Zyklen von gegenseitiger Formung werden Menschen sozial kulturell geformte Former ihrer Umgebung«, was zu einer verschiedenartigen Entwicklung des Selbst bei verschiedenartigen Kulturen führen kann und damit zu grundlegend verschiedener Wahrnehmung der Wirklichkeit – und den daraus folgenden Handlungszwängen.

Das Selbstkonzept, so Kühnen, hat bedeutsame Konsequenzen für das Denken, Fühlen und Handeln einer Person, aber mehr noch für die Interaktion mit anderen Personen und der sozialen Umwelt. Das hat, als ein entscheidender Punkt für unsere Diskussion, die Konsequenz, dass Mitglieder verschiedener Kulturen unterschiedliche Vorstellungen von sich selbst entwickeln, in der Mehrzahl der Fälle ohne sich der Situation bewusst zu werden. Die Wahrnehmung des eigenen »Anders-Seins« wird vielfach nicht perzipiert und damit auch nicht eine mögliche Kommunikationsunfähigkeit mit einem Gegenüber aus einem anderen Kulturkreis.

In der psychologischen Forschung unterscheidet man individualistische und kollektivistische Kulturen. Für erstere sei Nord-Amerika und abgeschwächt West-Europa genannt, für letztere China, Japan und eine größere Zahl islamischer Länder.

»Individualismus als der eine Pol dieser Dimension bezeichnet Gesellschaften, in denen die Mitglieder relativ lose miteinander verbunden sind, sich selbst als unabhängig von Kollektiven sehen und ihr Verhalten vornehmlich an persönlichen Zielen, Vorlieben, Bedürfnissen und Rechten ausrichten.

Dem gegenüber sehen Personen in kollektivistischen Kulturen sich selbst primär als Teil eines eng verbundenen sozialen Netzwerkes, sind in ihrem Verhalten stärker durch Normen und Pflichten dieser Kollektive motiviert und geben den Bedürfnissen und Zielen anderer Personen (und gesellschaftlichen Normen) häufig größere Priorität in der Verhaltensorientierung, um so die Harmonie innerhalb der Netzwerke zu bewahren. Asiatische Kulturen gelten als besonders stark kollektivistisch.« (Kühnen 2013)

Die Stärke der Ausprägung an Individualismus versus Kollektivismus hat wesentliche Konsequenzen, die deren Mitglieder veranlassen, auf diese Weise ihr Selbstkonzept zu definieren. Die damit einhergehende Unterscheidung von independenter und interdependenter Selbstkonstruktion ist im Bild 7 skizziert.

Kühnen führt aus, dass es empirisch nachweisbare, systematische Unterschiede im Erleben und Verhalten zwischen den Mitgliedern individualistischer und kollektivistischer Kulturen gibt. Die Wissenschaft (wie im Bild 7 skizziert) unterscheidet hier zwischen A) independenten Selbstkonstruktionen und B) interdependenten Selbstkonstruktionen, wobei bei letzteren die einzelne Person zusätzlich durch ihre Verbundenheit mit anderen Personen (Bruder, Mutter, enger Freund usw.) definiert wird, während bei independenter Selbstsicht die eigene Person wesentlich die Eigenschaften bestimmt, unabhängig von verschiedenen Kontexten (Umgebungseinflüssen).

Also definiert Independenz das Selbst durch autonome, Interdependenz hingegen zusätzlich durch soziale Verbindungen zur eigenen Person. Das Erleiden bei Letzterer bedeutet also zugleich, dass deren Umfeld in das Leiden und mögliche Reaktionen einer solchen Person einbezogen wird. Wird ein Islamist getötet, so steht

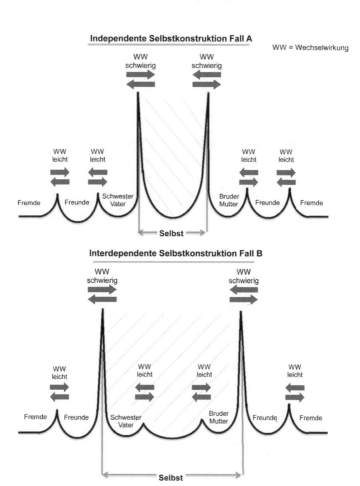

Bild 7: Schematische Darstellung der Strukturierung des Selbst bei independenter (Fall A) und interdependenter Selbstkonstruktion (Fall B). Deutlich ist im Fall B zu sehen, dass das Selbst mit Eltern und Geschwister eng verflochten ist, im Handeln und im Leiden.

dieses soziale Umfeld in das Leiden mit ein, aber auch in der Reaktion auf dieses Leiden.

Hier zeigt sich ein Unterschied in der Wahrnehmung, aber auch in der Handlungsverpflichtung, die der Westen, und besonders die USA, nicht wahrhaben wollen.

Also, bei interdependenter Selbstkonstruktion werden bei Folter und Quälerei der Amerikaner an vermeintlichen Al-Kaida-Mitgliedern eben in der psychologischen Wahrnehmung diese nicht nur selbst gequält, sondern auch im übertragenen spirituellen Sinne die Geschwister oder Eltern. Das ist keine sozialpsychologische Feststellung, sondern wird die Handlungsweise in der Zukunft dieser nahen Verwandten wesentlich mitbestimmen. Die Wirkung ist letztlich ähnlich wie beim janusköpfigen Drachen, bei dem beim Abschlagen eines Kopfes mehrere nachwachsen.

Folgen durch das Verkennen der Wirklichkeit

Die Amerikaner schaffen sich durch ihr Handeln und die Annahme einer ubiquitären Selbstkonstruktion wie bei ihnen selbst ein Problem für die Zukunft, dessen Folgen sie offensichtlich nicht wahrhaben wollen – als Folge ihrer Art des Auftretens beim Bekämpfen von Al-Kaida Terroristen. Sie handeln sich nicht nur langfristige Probleme und Konflikte ein, die sie vielleicht zwischenzeitlich eindämmen, aber durch die Art ihres Vorgehens nicht lösen können. Ab und zu konnte man beispielsweise in der amerikanischen Presselandschaft Äußerungen von sozialpsychologisch gebildeten Amerikanern lesen, der Krieg in Afghanistan ginge nicht nur um Bodengewinn und Tote, sondern auch um den Gewinn der Herzen. Es scheint so, dass es durchaus kritische Positionen in der Führung der US-Armee in Afghanistan gibt. Die tatsächliche Wirklichkeit ist aber letztlich eine andere. Um zu einem Ende der Auseinandersetzung zu kommen, müssten die USA ihre gesamte Position grundsätzlich bedenken – wozu auch zusätzlich ihr wirtschaftspolitisches Auftreten gehört, wie später noch erläutert wird.

Die USA führen bei Al Kaida keinen Krieg gegen eine Gruppe von Leuten, die Terroristen sind, sondern gegen das tiefverwurzelte Bewusstsein von vielen Generationen, die eine grundlegend andere Denkweise als sie selbst haben.

Diese Situation ist vielleicht vergleichbar mit der der Tschetschenen und deren vollständige Umsiedlung zu Beginn des II. Weltkrieges nach Sibirien. Auch heute, nach über 70 Jahren, ist das Problem noch nicht gelöst.

Bild 7 versucht in Anlehnung an Kühnen die Verschiedenheiten zwischen independenten und interdependenten Selbstkonstruktionen zu verdeutlichen. Im Bild ist die Stärke der Wechselwirkung in Abhängigkeit verschiedener Reichweiten in der Umgebung in Anlehnung an die Physik und der dort gebrauchten Vorstellung der wechselwirkenden Potentiale dargestellt. Die Wechselwirkung geschieht durch Übersteigen der Barrieren, die dem Bild als spitze Dreiecke höher oder mit geringerer Höhe eingezeichnet sind. Gleichzeitig ist eine sozialpsychologische Tunnelung vorstellbar. Das Bild ist als Schnitt durch ein zentrisches Wechselwirkungsfeld zu verstehen, wobei die Waagerechte die Entfernung vom Zentrum beschreibt und die Vertikale die Höhe und die Durchlässigkeit durch die Potentialbarrieren.

Das Zentrum des Bildes 7 ist das singuläre eigene Zentrum – also das Ich – um das sich die Personen, also nahe Verwandte, entfernte Verwandte, nahe Freunde, entfernte Freunde und letztendlich Fremde gruppieren.

Das Zentrum der independenten Selbstkonstruktion (Fall A) ist das alleinige Ich, das nur eine schwache Wechselwirkung mit sehr nahen Verwandten wie Vater, Mutter, Geschwister hat. Diese Art der Selbstkonstruktion ist nahezu singulär die des Ichs allein und entspricht dem amerikanischen oder westeuropäischen Verhaltensmuster. Wie weiter oben schon erwähnt, entspricht das auch dem, was wir als individualistische Kulturen bezeichnen.

Die interdependente Selbstkonstruktion ist im Bild 7 unter Fall B skizziert. Das singuläre Selbst steht weiterhin im Mittelpunkt, aber die allernächsten Verwandten, man könnte das mit dem Begriff »Klan« umschreiben, stehen in enger Wechselwirkung mit dem singulären Selbst und ergeben mit der so bezeichneten interdependenten Selbstkonstruktion nahezu eine Einheit. Diese interdependente Selbstkonstruktion führt zu dem Resultat, dass die Handlung der Person nicht nur aus dieser selbst verstanden werden kann, sondern mehr aus der Verwobenheit mit den nahestehenden Individuen des Klans.

Jede Handlung oder Reaktion setzt die interdependente Selbstkonstruktion voraus oder wird von ihr gesteuert. Das entspricht einer Situation, wie wir sie eher bei kollektivistischen Kulturen finden, aber natürlich, nicht jede kollektivistische Kultur basiert auf einer interdependenten Selbstkonstruktion. Diese ist, wie im Fall B in Bild 7 zu sehen ist, umfassender, wahrscheinlich reaktionsweiter angelegt und lässt damit ein größeres Verhaltensspektrum erwarten. Das wird auch dazu führen, dass bei Reaktionen oder Angriffen auf eine Klanperson mehrere Individuen gleichzeitig betroffen sind und auch reagieren werden.

Für unsere Terrorismusdiskussion hat das extrem weitreichende Konsequenzen: Für den USA-Al Kaida-Konflikt ist festzuhalten, dass die beiden Hauptparteien – also die USA und der Islamismus/Al-Kaida – in verschiedenen Selbstkonstruktionen angesiedelt sind: amerikanische Individuen in independenten Selbstkonstruktionen (in-SK) und die Islamisten in interdependenten Selbstkonstruktionen (Inter-SK). Die Reaktionsweise – aber auch die Perzeption – abgekürzt als individualistisch und kollektivistisch, werden also verschieden sein. Die gravierende Folgerung daraus ist, dass es beiden Parteien, aber am stärksten den US-Bürgern, nicht bewusst ist, dass sie verschiedenen intrinsischen personengebundenen Mechanismen unterliegen.

Am stärksten wird diese Ignoranz bei den Amerikanern sein, da sie wenig Toleranz anderen Kulturen gegenüber aufbringen – obwohl das offiziell bestritten wird – und es aus ihrer Geschichte gewohnt sind andere Kulturen zu dominieren (Indianer, Kapitalismusexport) oder sie zu vernichten.

Die nächste gravierende Folge ist, dass die Handlungsmuster, die man vom anderen erwartet, verkannt werden, da man von der eigenen »Logik«, also Selbstkonstruktion, ausgeht. Gerade die USA haben in der Vergangenheit in dieser Hinsicht katastrophale Fehler gemacht und machen sie auch jetzt noch.

Die Terroristen als Tiere zu bezeichnen und zu behandeln, ist ein nicht zu verzeihender Fehler, denn aufgrund der interdependenten Selbstkonstruktionen werden mit jedem gefolterten Terroristen in Guantanamo oder auch anderswo die durch die Inter-SK mit einbezogenen Personen sozusagen mitgefoltert und zeigen daraufhin eine entsprechende Reaktion. Beim Tod eines Terroristen wachsen gewissermaßen Terroristen nach, nicht weil sie sich entschließen Nachfolgeterroristen zu sein, sondern weil sie intrinsisch mit betroffen sind. Sie sind Teil eines sich gemeinsam steuernden Gefüges, einer Lebensphilosophie, aber mehr noch einer emotionalen Einheit. Die treibende Gefühlskraft und das Mit-Hineinziehen von Klanmitgliedern, also die Verwobenheit, durch interdependente Selbstkonstruktion verursacht, lässt sich am ehesten noch mit dem Prinzip der Blutrache vergleichen, bei der Mitglieder eines Klans zum Beispiel bei Mord verpflichtet waren, durch einen Gegenmord die Klan-Ehre wiederherzustellen. Dadurch kam es dann zu Konflikten, die über Jahrzehnte andauerten.

Ein Grundfehler der westlichen Welt beim Kampf gegen den Terrorismus liegt darin, dass Erfahrungen aus früheren oder geschichtlichen terroristischen Konflikten, die daraufhin untersucht worden waren, welche Lehren für den Kampf gegen den Terrorismus gezogen werden können, auf die jetzige Situation übertragen wurden. Der RAF-, IRA- oder ETA-Konflikt geschah zum Beispiel in kulturellen Konfliktfeldern, in denen Personen mit gleicher oder ähnlicher Selbstkonstruktion agierten. Diese Erfahrung ist aber nicht auf einen Konflikt zwischen so grundverschiedenen Kulturen zu übertragen. Die Problematik ist zweifach; es wird überhaupt nicht gesehen, dass hier ein Konflikt zwischen verschiedenen Kulturen stattfindet, die es nicht erlauben Erfahrungen zu übertragen.

Die Rand Corporation hat im Jahr 2008 eine Studie veröffentlicht, die für die amerikanische Regierung durchgeführt wurde.

In dieser Studie wurden 648 terroristische Gruppen, die zwischen 1968 und 2006 existierten, analysiert. Am Ende der Untersuchungsperiode existierten noch 244 Gruppen. Für die restlichen Gruppen, also 404, wurde die Ursache für deren Ende analysiert. 10% erreichten einen militärischen Sieg, 7% wurden militärisch besiegt, 43% konnten in politischen Strömungen aufgehen und bei 40% haben polizeiliche und militärische lokale Kräfte die Schlüsselfiguren der Terroristengruppe ermordet.

Sieht man sich das militärische Vorgehen der USA und ihrer Verbündeten in Afghanistan an, so scheint es offensichtlich, dass sie sich vom Ergebnis dieser Rand-Studie haben leiten lassen, also Schlüsselfiguren zu töten und zu eliminieren mit der Erwartung, dass dadurch Al Kaida und entsprechende Gruppen kollabieren würden.

Die Struktur der 404 Gruppen ist zwar nicht bekannt, aber das Ergebnis der Rand-Studie ist mit Skepsis in Hinblick auf die zu erwartenden verschiedenen Reaktionsmuster von In-SK und Inter-SK zu betrachten. Der Konflikt zwischen den USA und Al Kaida ist ein Konflikt verschiedener Kulturen und kein Konflikt zwischen ähnlichen und vergleichbaren Kulturen. Deshalb sind die Ergebnisse der Rand-Studie nicht so ohne weiteres übertragbar.

Die Methodik des Vorgehens in dieser Analyse und die dabei auftretende Problematik werden im nächsten Kapitel diskutiert.

III

Der Wert der neu entwickelten Konfliktstrategie der USA

Der Anschlag vom 11. September 2001 durch Mitglieder der Al-Kaida-Organisation auf das Welthandelszentrum in New York stellte die USA, verglichen mit den vorherigen Kriegen, durch eine jetzt erforderliche andersartige Kriegsstrategie vor große Probleme. Denn die bisherige Strategie der großen Zahl und der großen Masse, wie sie bis dato bei allen Konflikten, in denen die USA verwickelt waren, die entscheidende Rolle spielte, schien nicht so ohne weiteres anwendbar.

Al-Kaida besaß kein Territorium, das man mit massenhaftem Kriegsgerät angreifen konnte, noch eine klassifizierbare Masse von Personen. Eine Situation, die für die USA befremdlich und unkalkulierbar war. Der Antrieb von Al-Kaida andererseits war weder Gebietseroberung noch materieller Gewinn, sondern eine Idee, ein Glaube, dazu noch lackiert mit einem Glanz von Besessenheit und Überzeugung von der Überlegenheit der eigenen Moral.

Für eine Staatsideologie und Wirtschaft wie die der USA, die den materiellen Gewinn als Leitschnur ihres Handelns begreift, eine in der Tat wirklich schwierige Situation. Um doch an das bisherige strategische Denken anknüpfen zu können, wurde aus alter Tradition heraus ad hoc ca. zehn Tage nach dem 11.09.2001 der »Global War on Terrorism« (GWOT) ausgerufen, was sich nach einem üblichen Krieg anhört, nur weltweit eben. Sozusagen in Reminiszenz an die großen Kriege und den Ruhm der Vergangenheit, den I. und II. Weltkrieg und an die globalen Konflikte wie zum Beispiel den »Kalten Krieg«. Dies wohl auch um die Größe der jetzt vorliegenden Aufgabe zu unterstreichen und um den Eindruck zu verwischen, die USA ließen sich von 19 einfachen Terroristen in die Knie zwingen, während sie gleichzeitig dabei waren, ein hochkompliziertes interkontinental operierendes Raketenabwehrsystem zu ihrer Verteidigung zu installieren. Welch' ein Missverhältnis zwischen strategischer Planung und kriegerischer Wirklichkeit!

In einem Resümee über den bis dahin erreichten Strategieerfolg der USA wird sieben Jahre später, also 2008, in einem Bericht der Rand Korporation festgestellt: »Die Strategie der USA nach dem 11. September 2001 war in keiner Weise effektiv und signifikant um Al-Kaida bis zum Jahr 2008 (dem Erscheinungsjahr des Berichtes- S.H.) merkbar zu schwächen.« (Rand 2008, S.121) – Im Gegenteil, die Angriffe von Al-Kaida wurden immer ausgefeilter und heftiger. Zur Erklärung: In Bezug auf die Bedeutung dieser Aussage ist es hilfreich festzuhalten, dass die Rand Korporation eine Institution ist, die Auftragsforschung für die US-Armee und sonstige staatliche Stellen oder Organisationen der USA durchführt. Diese Feststellung der Rand Korporation betrifft nicht nur GWOT, sondern bezieht sich auf ein weites Feld von Aktivitäten der USA wie Guantanamo, aber auch die militärischen Kriege im Irak oder Afghanistan oder auch sonstige militärische Einsätze. Im Gegenteil, so der Rand Bericht, zeigen Kampfeinsätze durch US-Soldaten in islamischen, aber auch nicht islamischen Ländern, dass durch die Präsenz der US-Soldaten ein verstärkter Zulauf islamischer Kämpfer zu Al-Kaida zu verzeichnen ist (Rand 2008, S. 123).

Auf Grund dieser Situation führte also die Rand Corporation eine Untersuchung durch mit dem Titel »How Terrorism Groups End; Lessons for Countering Al-Kaida« – »Wie terroristische Gruppen enden; Erfahrungen und Lektionen wie Al-Kaida entgegengewirkt werden kann.«

Verantwortlich für diese Untersuchung zeichnen I. Jones und M. Libicki. Die Autoren gehen von der Voraussetzung aus, dass sich bei vernünftiger Analyse vergangener Terrorkonflikte und deren Beendigung ein Weg finden lässt, wie sich Al-Kaida erfolgreich bekämpfen ließe. Ob diese entscheidende Voraussetzung sachwirklich war, muss sich noch zeigen.

Es wurden 648 Konflikte untersucht (also terroristische Gruppen), die seit 1968 stattgefunden hatten. Zum Zeitpunkt der Untersuchung waren noch 244 Gruppen aktiv. Bei 136 Gruppen waren Aufspaltungen zu erkennen, so dass ein qualifizierbares Ende dieser Gruppen als solches nicht mehr zu definieren war. Insgesamt konnte also von 268 Gruppen bzw. Konflikten ein Ende definiert und analysiert werden. Von diesen Gruppen mutierten 43 % in eine politische Bewegung. Sie versuchten politische Ziele umzusetzen, ohne Einsatz aggressiver Methoden. 10% der Gruppen erlangten einen militärischen Sieg und 7 % der Gruppen wurden militärisch besiegt. Die restlichen 40% wurden, unter jeweils starker Beteiligung von Geheimdiensten, die die Führer, politische Strukturen und Geldgeber identifiziert hatten, durch Polizeieinsätze zerstört, anschließend mit der Liquidierung der betreffenden Personen. Das Votum für Polizeieinsätze wurde damit begründet, dass die lokale Polizei und lokale CIA-Büros die Details der Gruppenstruktur besser erkennen könnten als Soldaten und fremde Truppen und damit eine gezieltere Vernichtung möglich sei. Der Rand Bericht betont an dieser Stelle nochmals, dass der Einsatz von US- Soldaten einen negativen Einfluss auf den Konflikt hat.

Zusätzlich zitiert der Rand Bericht eine Reihe von Ergebnissen, die er für erwähnenswert hält: Es ist schwieriger religiös motivierte Gruppen zu zerstören als nichtreligiöse: 62 % aller Gruppen sind seit 1968 verschwunden, aber nur 32 % der religiösen.

Trotzdem erreichen religiöse Gruppen nicht ihr Ziel, obwohl sie länger existieren.

Die Größe einer Gruppe (die Zahl der Mitglieder) bestimmt in erheblichem Maße ihr Schicksal. Gruppen mit mehr als 10.000 Mitgliedern erreichen zu 25 % ein siegreiches Ende. Gruppen mit weniger als 1.000 Mitgliedern praktisch nie.

Gruppen in reichen Ländern verfolgen des öfteren linksextreme Ziele und weniger nationalistische.

Es gibt keine statistische Korrelation zwischen der Lebensdauer einer Gruppe, ideologischen Hintergründen, wirtschaftlichen Bedingungen, Art des Regimes oder der umfassenden Größe der Ziele.

Eine schwache Korrelation scheint es zwischen der Größe der Gruppe und ihrer Lebensdauer zu geben.

Aus diesen Ergebnissen der Analyse ziehen die Autoren den Schluss, dass die beste Strategie die Bekämpfung durch Polizeigruppen, die die örtliche Lage gut kennen, ist; gleichzeitig mit zusätzlicher Untersuchung durch Geheimdienste, die die Schlüsselpersonen für das Existieren der Gruppe identifizieren sollten: Schlüsselpersonen, die das lokale Netzwerk führen oder besondere Kenntnisse haben oder auch Verbindungen zu Geldgebern oder Kommunikationskanälen. Solche Personen sollten identifiziert und liquidiert werden, was auch im großen Maße geschehen ist und auch heute noch geschieht. Das präventive Morden ist weit praktiziert, ohne sich über die nachfolgenden Konsequenzen im Klaren zu sein. Generell haben die USA die Taktik entwickelt, vermeintliche oder wirkliche Al-Kaida Führungsleute zu ermorden. Der Bericht zitiert Beispiele für solche aus ihrer Sicht sorgfältige und erfolgreiche Geheimdienstarbeit in Pakistan, indem Khalid Sheikh Mohammed, Ramzi Binalshib, Abu Faraj al Libbi und Abu Zubeida identifiziert und ermordet wurden. Das gilt dann später auch für Bin Laden.

Der Bericht betont die hohe Priorität des Sammelns von Geheimdienstinformationen, wie Aufzeichnen von

Telefongesprächen (signal intelligence) und Einschleusen oder Kaufen von Informanten (human intelligence). Im Jahre 2008 schätzte der britische Geheimdienst MI-5 (so Rand 2008), dass es ungefähr 18 Monate für einen Sympathisanten dauert, bis er genug radikalisiert ist, um Anschläge zu verüben. Diese Zeitspanne sei fundamental wichtig für die Geheimdienstarbeit um Verdächtige zu identifizieren, Informationen zu sammeln und sie gefangen zu nehmen – oder, effektiver, sie zu töten.

Dieses Verfahren hat sich in den letzten drei bis vier Jahren durch den Einsatz von Drohnen massiv verkürzt. Die amerikanische Strategie wurde in diesen Jahren »rationalisiert« in dem Sinne, dass es ausreichte, allgemeine Verdächtigungen für Personen zugespielt zu bekommen oder diese zu verraten, um diese Verdächtigen via Drohnen zu töten. Die Zahl der Einsätze hat sich rasch erhöht. Waren es 2004, 2005, 2008 je ein Angriff im Jahr, so erhöhte sich die Zahl schnell: 2010,7; 2011,10; 2012,12; 2013,11.

Im Frühjahr 2014 brachten die Abendnachrichten des Ersten Deutschen Fernsehens die Information, dass die USA durch Drohnenangriffe ca. 2.500 Personen getötet haben. Eine andere Nachricht besagte, dass von den Getöteten ca. 2% Al-Kaida Mitglieder gewesen seien.

Die USA setzen eine Kriegsstrategie auf Grund der Randanalyse durch, die wenig Positives bewirkte und bewirkt, aber viel Hass und eine Grundstimmung erzeugt, die sich im Geschichtsbewusstsein der Bevölkerung festsetzt, einschließlich von Moralvorstellungen, die sich von Generation zu Generation vererben und den Konflikt perpetuieren.

In einem späteren Kapitel wird über die verschiedenen Arten von Konflikten zu reden sein, die diese Situation anhand von Beispielen erläutern.

In diesem Zusammenhang muss auch über die Vorstellung von Jones und Libicki gesprochen werden, dass alle 648 Konflikte, die in ihrer Studie untersucht wurden, gleichwertig und inhaltlich gleich belastbar seien, so dass mit Hilfe eines gemeinsamen Analyseverfahrens die wesentlichen Grundzüge zur Bekämpfung eines terroristischen Konfliktes zu erkennen sind, die also allgemeingültige Schlüsse für ein militärisch-strategisches Vorgehen erlauben.

Diese Vorstellung ist falsch. Dem IRA-England-Konflikt zum Beispiel lag eine jahrhundertelange Unterdrückung, Quälerei und Entrechtung der Iren – aus der Sicht der Iren – durch die Engländer zugrunde. Ein ganzes Volk war durch das Handeln der Engländer bleibend ideologisiert worden; das hat sein Geschichtsbewusstsein und religiös-nationalistisch begründete Handlungsweisen geformt. Die nachfolgende Geschichte zeigt, dass Hunderttausende Iren umgebracht oder ermordet wurden, ohne dass der Wille zum Kampf gegen die Engländer sich geändert hätte.

Dieser Kampf war für die Engländer, eine hochgerüstete Atommacht, nicht zu gewinnen, obwohl sie den Iren in der Provinz Ulster militärisch haushoch überlegen waren. Denn für jeden getöteten Iren standen dutzende Nachfolger mit der gleichen geschichtlichen Erfahrung und Prägung bereit. Im Gegenteil – jeder getötete Ire erzeugte mehr Hass bei den Überlebenden. Erst die Einsicht auf beiden Seiten, dass keiner den Konflikt gewinnen könne, hat Politik auf einen Frieden hin (towards a lasting peace) möglich gemacht und zu einer mehr oder weniger erfolgreichen Konfliktlösung geführt. Wir wissen heutzutage allerdings nicht, ob dieser Frieden auch halten wird.

Im gleichen Sinne ist das Schottland-Problem auf den Britischen Inseln nicht gelöst, ein viele Jahrhunderte altes Problem. Mit anderen Worten ist die Vorgehensweise, wie sie im Randbericht beschrieben wird, nicht sehr belastbar und aussagefähig, dass jeder Terrorismuskonflikt sich statistisch so auswerten ließe, dass allgemeingültige Handlungsmaximen daraus zu entwickeln wären. Eine entscheidende Nachlässigkeit ist das Übersehen eines geschichtlich gewachsenen Bewusstseins, das auf die Haltung der Bevölkerung formierend wirkt.

Diese Beispiele betrachtend, scheinen die Ergebnisse der Rand-Studie wenig Wert für die Entwicklung einer erfolgreichen und tragfähigen Strategie zu haben. Der Al-Kaida-USA-Konflikt ist das Resultat einer jahrhundertelangen Wechselwirkung zwischen den islamischen und den abendländischen Ländern, der sich nicht durch Polizeieinsätze (Policing) einschließlich Geheimdiensten gewinnen lässt. Im Gegenteil, die Situation verschlechtert sich laufend, wie die Ereignisse des erneuten Aufflackerns des Irakkonfliktes – diese Zeilen sind am 10. Juni 2014 geschrieben – zeigen. Zusätzlich ist der kulturelle Unterschied zwischen den Konfliktparteien von entscheidender Bedeutung, wie in Kapitel II ausgeführt wurde. Das Tragische ist, dass die USA in ihrer monomanen Haltung überhaupt nicht wissen, dass dieser kulturellen Dimension eine entscheidende Rolle zukommt.

Die USA glauben, dass sie mit ihrer Drohnenpolitik, also der Tötung von vermeintlichen Al-Kaida-Mitgliedern oder sogar lokalen Führern, eine Schwächung des Gegners herbei führen. Die USA glauben, dass sie in ihrem Handeln autonom sind und dass dieses Handeln keine Auswirkung auf die Haltung der islamischen Bevölkerung hat. Sie ignorieren den Solidarisierungseffekt, der sich in weiten Teilen der islamischen Bevölkerung entwickeln wird und das auch jetzt schon tut, zum Beispiel in Nigeria (Boko Haram). Der Rand-Bericht schlägt der USA eine Politik vor, die sich auf einer fehlerhaften und nicht zuverlässig begründbaren Auswertung von terroristischen Konflikten aus verschiedenen, nicht vergleichbaren Kulturkreisen in der Vergangenheit begründet. Wir wissen heute, diese verschiedenartigen Kulturen spielen eine entscheidende Rolle bei der Ausprägung der Handlungsmuster der verschiedenen Völker und Nationen.

IV
Die bizarre Irakpolitik

Destabilisierende Ereignisse der letzten Zeit

Im Juni 2014 nahm die Situation im Irak in Bezug auf die politische Stabilität des Staates eine überraschend dramatische Wende. Seit dem Abzug der Amerikaner im Jahr 2011 hatte sich eine Regierung unter Präsident Nuri al-Maliki in ihrem Machtgefüge gefestigt, die gleichzeitig die Sunniten von der politischen Macht ausschloss. Zumindest schien die Situation stabil. Ende April des Jahres 2014 fanden Neuwahlen im Irak statt, die die Partei Malikis unter Hinnahme von einigen Verlusten als stärkste Partei mit 28% der Stimmen bestätigte. Die Situation schien sich konsolidiert zu haben, obwohl sich die Kabinettsbildung schwierig gestaltete. Das friedliche Bild täuschte.

Ursachen für den wachsenden Einfluss dschihadistischer Gruppen

Seit einer Reihe von Monaten waren zwei Provinzen des Irak in die Hand einer Dschihadistengruppe namens ISIS (Islamischer Staat im Irak und Syrien) gelangt. Diese Gruppe hatte vorher andere Namen getragen wie zum Beispiel Al-Kaida im Irak. ISIS wird als sehr reiche und damit einflussmächtige Gruppierung angesehen. Zum einen fielen der Gruppe bei der Eroberung der Provinzhauptstadt Mossul hochwertige Waffensysteme in die Hände, da sich die reguläre irakische Armee nahezu kampflos nach Süden verzog oder zum Teil überlief, zum anderen erbeutete ISIS zusätzlich ca. 320 Millionen Euro in dieser Stadt. Zusätzlich wird vermutet, dass überwiegend sunnitische arabische Staaten wie Saudi Arabien, die Vereinigten Arabischen Emirate, Kuwait und Katar ISIS unterstützen (Blaschke 2014). Außerdem war von früher her die ganze Situation durch die Tatsache brisant, dass die USA nach dem Sieg über den Irak 2003 sämtliche Offiziere und Soldaten der irakischen Armee – zum erheblichen Teil Sunniten – in die Arbeitslosigkeit entlassen hatten. Es entstand dadurch ein Potential Unzufriedener und Ausgestoßener mit erheblichem sozialen Sprengstoff.

Die destabilisierte Situation im Juni 2014 war in ihrem Ursprung möglich geworden, da die Amerikaner im Dezember 2011 den Irak vollständig verlassen hatten. Einige Monate vorher hatte die irakische Regierung ein Abkommen mit den Amerikanern über im Irak zu verbleibende Ausbildungsgruppen der US-Armee abgelehnt. Dieser hastige Abzug der Truppen, initiiert durch die Regierung Obama, wurde von den Republikanern in Washington heftig kritisiert. Er provozierte eine Gemengelage, die eine gefährliche Konfliktsituation erzeugte. Im Juni 2014, als diese Zeilen geschrieben wurden, waren kriegerische Konflikte zwischen einer Reihe von Staaten dieser Region möglich geworden. Das betrifft sowohl die Türkei, Syrien, den Libanon, das Gebiet der Kurden im Irak, Irak selbst, Iran und natürlich die USA mit möglichen Verbündeten.

Letztendlich aber war der Irak in diese Situation durch Ereignisse und Beschlüsse vor dem 11. September 2001 geraten, da die USA vor den Vereinten Nationen durch US-Außenminister Powell behaupteten, der Irak produziere Massenvernichtungswaffen und sei für den Anschlag vom 11.September 2001 mitverantwortlich. Eine genauere Analyse zeigt allerdings, dass der Angriff der USA auf den Irak schon viel früher beschlossen war. Viele der im Folgenden aufgeführten Details sind dem sehr lesenswerten Buch von J. Scahill, »Schmutzige Kriege« entnommen (Scahill 2013).

Motive für die Art der Politik der USA

Nach dem Ende des »Kalten Krieges« blieben die USA als einzige Supermacht übrig. Die neokonservativen Politiker der USA formulierten aus dieser Situation heraus eine Politik, die besagte, dass die USA aggressiv ihr Gewicht als Supermacht zur Geltung bringen sollten um die politischen Landkarten neu zu zeichnen. Dazu gehörte eine radikale Erhöhung des Wehretats, was Cheney und sein Gefolge bereits 1992, als er Verteidigungsminister war, nutzte.

So schrieb P.E. Tyler am 8. März 1992 in der New York Times, dass »die strategische Planung für den Verteidigungshaushalt so sichergestellt sein müsse, dass sich keine rivalisierenden Länder oder Gruppen verglichen mit den USA entwickeln könnten«.

Sie müssten davon abgeschreckt werden eine größere regionale oder globale Rolle auch nur anzustreben.

Ein Jahrzehnt später fischten die Neokonservativen diese Pläne »aus dem Mülleimer der Geschichte« (Scahill 2013) und machten sich an deren Umsetzung, da Bush jun. an die Macht gekommen war. Im Mittelpunkt der militärischen Aufrüstung stand die Aufstellung von Spezialeinheiten, die die Fähigkeit haben sollten, überall auf dem Globus wirkungsvoll intervenieren zu können. Diese Planung und Politikänderung geschah noch deutlich vor dem 11.9.2001, dem Angriff auf das Welthandelszentrum durch Al-Kaida.

Im gleichen Zug planten die Neokonservativen die amerikanische Dominanz über die natürlichen Ressourcen weltweit noch stärker auszubauen und damit in die direkte Konfrontation mit den Staaten zu gehen, die sich ihnen in den Weg stellen würden. Es gab Überlegungen bei den Neokonservativen, in verschiedenen Ländern einen Regimewechsel herbeizuführen, vor allem im ölreichen Irak (Scahill 2013).

Der Journalist Jim Lobe beschrieb den Aufstieg der Neokonservativen-Bewegung vor dem 11. September 2001. Sie, die Neokonservativen, strebten unablässig nach militärischer Dominanz und verachteten die Vereinten Nationen so abgrundtief wie den Multilateralismus im Allgemeinen! Nach Ansicht der Neokonservativen haben die Vereinigten Staaten für immer und ewig die Macht in der Welt inne und zugleich die moralische Verantwortung diese auszuüben, haben sich aber niemals durch multilaterale Verpflichtungen davon abhalten lassen, unilateral die eigenen Interessen und Werte zu verfolgen. (Scahill 2013, S.26) Die USA sollten ein strategisches Bündnis mit Israel eingehen. Saddam Hussein müsse verschwinden, da er eine Bedrohung für Israel darstelle und Massenvernichtungswaffen hätte und diese auch schon eingesetzt hatte. Rumsfeld und Cheney forderten noch vor ihrem Amtsantritt das Römische Statut des Internationalen Strafgerichtshofs rückgängig zu machen und dessen Legitimität nicht anzuerkennen, so dass US-Soldaten nirgendwo für ihre Verbrechen verfolgt werden könnten – Soldaten anderer Länder aber durchaus! Cheney und Rumsfeld waren jahrzehntelang die treibenden Kräfte, um die Exekutive mit beispielloser Vollmacht auszustatten, damit geheime Kriege geführt werden konnten und jeder beliebige, also auch US-Bürger, ausspioniert werden konnte.

»Die Präsidentschaft stellten sie sich als eine Diktatur der nationalen Sicherheit vor, rechenschaftspflichtig ausschließlich der eigenen Auffassung. Der Kongress hatte nur für die Finanzierung zu sorgen und für sonst nichts. In vielen Geheimdienstaffären, die oft zum Ziele hatten die legalen Rechte des Kongresses auszuhöhlen und die neu konstruierte Macht des Präsidenten auszuweiten, spielte Cheney immer wieder eine bedeutende Rolle. Als George W. Bush an die Macht kam, erreichte Cheney durch Bush Straferlass von Cheneys Mitarbeitern, die in illegale Affären verstrickt waren. Cheney setzte weiterhin alles daran, die Macht der Exekutiven zu stärken und beauftragte den Konzern Halliburton, einen Zulieferer der Erdölindustrie, eine Studie über eine möglichst umfassende Privatisierung des Militärapparates anzufertigen.« (T. Squitieri 2004, zitiert nach Scahill 2013).

Cheney hatte dabei im Sinn, dass es bei Privatarmeen leichter ist demokratische Kontrollen zu unterlaufen. Von 1995 an war Cheney Vorstandsvorsitzender von Halliburton. Als Bush jun. an die Macht kam, war es sein Ziel, das US-Militär radikal neu zu organisieren und die der Clinton-Ära unterstellte Schwäche wieder auszugleichen. Das Ziel war, massive raketengestützte Verteidigungssysteme zu errichten. Die Bush-Administration sah durchaus eine terroristische Bedrohung, die sie aber mit Staaten wie Iran, Syrien, Nordkorea oder Irak verbanden.

Es war eine besondere Ironie der Geschichte, dass die aufwendigsten und kompliziertesten Raketenabwehrsysteme geplant und zum Teil errichtet wurden, diese jedoch durch 19 jugendliche Selbstmordattentäter ausgehebelt wurden. Eine Schmach, die die pathologische Überreaktion der USA teilweise erklärbar macht. Cheneys Leute hatten sich über Jahrzehnte mit militärisch-technisch-elektronischer Aufrüstung befasst, aber die asymmetrische Bedrohung durch Selbstmordterroristen völlig übersehen oder ignoriert.

Die Bush-Regierung war vom Irak besessen. Auf der zweiten Sitzung des nationalen Sicherheitsstaates am 2. Februar 2001 erklärte Rumsfeld: »Worüber wir wirklich nachdenken sollten, ist, wie wir es schaffen Saddam Hussein loszuwerden« (Scahill 2013, S.32). Es dauerte nur sehr kurze Zeit nach 9/11, bis Rumsfeld und Cheney begriffen, dass dieser Verlauf der Dinge nicht ihrer strategisch-militärischen Planung entsprach, es aber durchaus erlaubte mit diesem Vehikel die nahezu unbegrenzte Stärkung der präsidialen Exekutive zu stärken. In einem Treffen am 15. und 16. September 2001 war die Reihenfolge der Ziele des Erstschlages klar. Al-Kaida, Taliban, Irak, denn Präsident Bush habe Rumsfeld dreimal aufgefordert »irgendwelche noch so kleinen Hinweise« zu suchen, dass der Irak in die Anschläge verwickelt sei. In dem Treffen in Camp David beharrte Wulfowitz darauf den Irak anzugreifen, selbst als Außenminister Powell und hochrangige Vertreter der Geheimdienste einwandten, dass es keinerlei Beweise für eine irgendwie geartete Verwicklung des Iraks in die Anschläge gab.

Der zweite Irakkrieg hatte nichts mit den Ereignissen von 11. September 2001 zu tun. Er war der Ausfluss einer neokonservativen Politik, die eine Etablierung der amerikanischen politischen und wirtschaftlichen Dominanz zum Ziel hatte. Diese Politik war darauf ausgerichtet, Staaten sowie Gebiete, die benötigte Bodenschätze hatten, der eigenen Einflusssphäre zu unterwerfen. Diese Politik ist eine Fortführung der Kolonialpolitik des früheren Europa.

V

Das Attentat vom 11. September 2001 und die arabisch-islamischen Gefühle

Die Entwicklung der Situation

Am 20. September 2001 verkündete US-Präsident Bush vor dem amerikanischen Kongress den Krieg gegen den Terrorismus, der oft auch unter dem Titel GWOT, dem so genannten General War on Terrorism genannt wird. Viele Betrachter der Situation besonders in der islamischen Welt sehen dieses gewählte Datum des Attentats und das Attentat selbst als eine Reaktion auf das so empfundene generelle hegemoniale Streben der USA. Besonders gravierend wird dieses Streben als gegen die arabische islamische Welt gerichtet wahrgenommen.

Mit der Verkündung des GWOT erhob der US-Präsident Bush einen nahezu beispiellosen Machtanspruch für sich und gegenüber der Welt. Für die weitere politische Entwicklung nach dem 11. September ist – was von den USA und dem Westen weniger gesehen wird – die allgemeine Haltung der gesamten islamisch-arabischen Welt zu diesem Ereignis und der weiteren Entwicklung des Konfliktes von großer Bedeutung. Der Konflikt war und ist nicht mehr nur ein Konflikt mit den Terroristen, obwohl die USA das mit Vorliebe so sehen wollen – sondern ein Großteil der vor den Kopf gestoßenen islamischen Bevölkerung sitzt mit im Boot. Dazu später mehr.

Es ist ziemlich schwierig, die Verfasstheit einer großen Gesellschaftsgruppierung wie die der Welt des Islams zu perzipieren, denn Umfragen oder ähnliches sind schlechterdings nicht möglich und wenn, dann kaum in ihrer Aussagekraft belastbar. Benötigt wird ein politisch sensibler Beobachter der Gesellschaft von hohem Rang und Qualität, aber auch tiefer Einsicht und Erfahrung.

Die Sicht eines arabischen Philosophen

Unter diesem Gesichtspunkt hat Sadik J. Al-Azm eine lesenswerte Analyse über die arabisch-islamische Situation nach dem 11. September 2001 geschrieben (Al-Azm /1/2014). Azm ist einer der angesehensten Denker und Philosoph der arabisch-islamischen Neuzeit. Um seinen Hintergrund und sein Profil in Hinblick auf unser Thema bewerten zu können, nachfolgend einige Daten zu seinem Leben, die von Stefan Wild zusammengestellt wurden (Wild 2014).

Al Azm

Geboren wurde Al Azm am 7. November 1934 in Damaskus. Sein wissenschaftlich-philosophischer Hintergrund ist bemerkenswert. Die traditionsreiche Azm-Familie hat die syrische Geschichte in der Vergangenheit mit geprägt. Die Familie hatte die Position von feudalen Aristokraten und waren einer der wichtigsten Klans im Alten Syrien. Unter den Ottomanen waren die Al-Azm`s die Herrscher über Damaskus. J. Al-Azm selbst studierte zuerst an der Amerikanischen Universität Beirut (AUB). Danach erhielt er ein Stipendium an der hoch renommierten Yale Universität in New Haven, Connecticut/USA, wo er Neuere Europäische Philosophie studierte. Er promovierte dort über ein Thema zur Moralphilosophie von Henry Bergson. Außerdem verfasste er zwei Bücher, die sich mit der Philosophie von Kant auseinandersetzten. 1963 wurde er für fünf Jahre zum Assistenzprofessor an der AUB berufen, um anschließend für zwei Jahre an der Universität von Amman zu lehren. 1977 wurde er zum Ordentlichen Professor an die Universität Damaskus berufen und 1999 emeritiert. Außer in diesen langfristigen Positionen arbeitete er am Wissenschaftskolleg in Berlin und als Professor in Hamburg, Amsterdam und Tohoku (Japan). Er erhielt den Erasmus-Preis und 2005 die

Ehrendoktorwürde der Universität Hamburg sowie den Leopold-Lucas-Preis der Protestantischen Fakultät der Universität Tübingen. Das Preiskomitee würdigte ihn mit folgenden Worten, die sein Denken und Arbeiten charakterisieren:

Sadik Al-Azm verteidigt im hohen Maße den Einfluss der westlichen Philosophie in der arabischen Welt. Gleichzeitig verteidigt er die Arabische Kultur und ihren Einfluss auf das westliche Denken. Er kritisiert die Realitätsferne des Fundamentalismus der Araber und fördert den Friedensprozess im Mittleren Osten.

Im Jahre 2013 erhielt Azm – zum ersten und einzigen Mal für ihn – einen arabischen Preis, den Mahmud Darwisch Preis der palästinensischen Verwaltung in Ramallah.

Eines seiner Hauptarbeitsgebiete waren die Folgen der Aufklärung als Grundlage des technologischen Fortschritts in Europa sowie die Übertragung dieses Fortschritts auf die arabisch-islamische Welt, deren Modernisierung und Säkularisierung er forderte. Er kritisierte das aus dem westlichen Imperialismus heraus abgeleitete, romantisch umnebelte Orientalismus-Konzept, das er wohl mit verantwortlich für die Entwicklung vor und nach dem 11. September 2001 machte. Wie seine vorher aufgeführten Lebensdaten zeigen, ist Al-Azm ein sehr bemerkenswerter, im Westen und Arabischen verhafteter Philosoph, er ist einer der profiliertesten Denker der arabisch-islamischen Welt. Er hat sich mit den Hintergründen des Attentats auf das Welthandelszentrum 2001 (WHZ) aus islamischer Sicht auseinandergesetzt, aber auch mit der Reaktion auf dieses Ereignis durch die arabisch-islamische Welt (Al-Azm 2014), eine Betrachtungsweise, die auf Grund seiner weitgespannten wissenschaftlichen Karriere großes Gewicht hat.

Er selbst schreibt in einer Analyse zu diesem WHZ-Attentat (Al-Azm 2014, Band III, Kap 10), dass er, als er den Ablauf dieses Attentats im Fernsehen im fernen Japan verfolgte, ein starkes Gefühl der Schadenfreude hatte [»I could not help experiencing a strong emotion of Schadenfreude that I tried to contain, control and hide«], das er zu unterdrücken versuchte. »Dieses primitive Gefühl erfasste mich« – so schrieb er – »unbeschadet des intensiven Gebotes der arabisch-islamischen Kultur keine Schadenfreude bei einem Tod zuzulassen.« – «in spite of the strong injunction in Arabo-Islamic culture forbidding Schadenfreude (shamolch auf arabisch - S.H.) when it comes to death.« – »Im selben Augenblick wusste ich intuitiv, dass Millionen und aber Millionen Leute in der arabischen Welt vom gleichen Gefühl erfasst und überflutet wurden.«

Diese Feststellung ist von außerordentlich tiefer Bedeutung, denn sie widerspricht völlig der amerikanischen Vorstellung, dass mit Al-Kaida eine kleine, morbide, verrückt gewordene Gruppe von Terroristen Krieg gegen die USA führt. Die islamische Welt als Ganzes betrachtet die USA als gegen sie gerichtet und empfindet sie sowohl als zu verachtend, aber gleichzeitig auch als unterdrückend und außerordentlich aggressiv.

Die wahrgenommene Situation

Al-Azm fühlte zum Zeitpunkt des Attentats, dass sich eine tief sitzende Blutrache (Vendetta) gegen das WHZ entlud, denn sie, die Attentäter, hatten es 1993 schon einmal – mit einem Fehlschlag – versucht. Es sei bei Vendettas im arabischen Raum und mittleren Osten vorhersehbar, dass die trauernde Partei mit erheblich größerem Rachegefühl zurückkehren und die vorher unbeglichene Rechnung begleichen würde. Und deshalb hatte Al Azm sofort das Gefühl, wer hinter der Tat des 11. Septembers 2001 steckte. Die Schadenfreude speiste sich nach Al-Azm´s Gefühl aus der heimlich kriechenden Genugtuung, dass die Inkarnation der Arroganz der Macht, die

USA, auf einmal am Boden lag, wenn auch nur für eine sehr kurze Zeit.

Der Eindruck, dass die »Jihady«-Frankensteins – so formuliert es Al-Azm, und er meint hier die Taliban – die US-Präsident Ronald Reagan so sorgfältig großgezogen und gehätschelt hatte, indem er diese vor nicht allzu langer Zeit ins Weiße Haus eingeladen hatte mit der Bemerkung, sie seien ja so etwas wie das Äquivalent zur moralischen Instanz der Gründungsväter der Vereinigten Staaten – dass diese plötzlich ihre tödlichen Fähigkeiten gegen ihre Meister und Manipulatoren gerichtet hatten, gab ihm, Al-Azm, Genugtuung. »Die finstere Magie richtete sich plötzlich gegen ihren magischen Meister.« Der Zynismus von Ronald Reagan, der die früher bejubelten Taliban-»Typen« ins Weiße Haus geladen hatte und diese als moralisches Äquivalent bezeichnete, sei abstoßend.

Das natürliche Ressentiment der Schwachen und Marginalisierten an der Außengrenze des kapitalistischen Reiches richtete sich plötzlich gegen das selbstgerechte Zentrum aller Zentren – das Welthandelszentrum. Al-Azm erklärte seinen japanischen Freunden, dass es in diesen Tagen sehr schwer sein würde irgendeinen Araber zu finden, gleichgültig wie ehrbar, von hoher Kultur oder intellektuell differenziert er sei, der nicht einiges an Gefühlen der Schadenfreude hätte, angesichts dessen, was Amerika am 11. September 2001 widerfahren war. Al-Azm fuhr fort, wenn es jemals einen konkreten und aggressiven Akt von Verrücktheit und Verzweiflung als Definition der vollkommenen terroristischen Tat gab, so war es der Angriff auf das WHZ in New York, das große Symbol der augenblicklichen amerikanischen globalen Überlegenheit in jeder Beziehung und des »fortschritt-lichsten« internationalen Systems in Bezug auf Handel, Finanzen und finanzieller Ausbeutung. Ein Teil der Verrücktheit liege in dem alles vernichtenden Schlag der

Angreifer, des Weltislamismus und des Al-Kaida Netzwerkes, durch 19 simple untrainierte Islamisten.

Die tiefe Diskrepanz zwischen Tat und Macht

Der andere Teil liegt in dem Spektakel, dass die einzige Supermacht auf der Erdoberfläche, die gerade dabei war, das futuristischste Hochtechnologie-Raketen-
abwehrsystem, das man sich jemals vorstellen konnte,
zu errichten, in diesem Fall nutzlos war. Der Gegensatz
zwischen den milliardenschweren Rüstungsanstrengun-
gen der USA und dem schlichten Angriff der 19 Einzel-
kämpfer war politisch gesehen für die USA zutiefst den
Stolz verletzend und deprimierend. Die amerikanische
Führung fühlte sich in ihrer Überlegenheit getroffen.

Für New York selbst war das Ereignis beispiellos dra-
matisch. Seit vielen Generationen brauchte New York
keine Aufmerksamkeit irgendeinem Kriegsgeschehen zu
widmen. Kriege passierten weit weg, irgendwo anders
auf dem Erdball oder im Dschungel und waren höchs-
tens Ursache für aufregende Schlagzeilen und Bilder in
den Zeitungen. Die New Yorker waren sicher, dass Krieg
in ihrem Land oder der Stadt eine unmögliche Sache
war. In dieser Hinsicht teilten die New Yorker die Desillu-
sionierung von Nordamerika insgesamt. Sie fühlten sich
ebenso sicher wie die Zuschauer bei einem Stierkampf.
Sie dachten, Amerika sei sicher inmitten von Bergen von
angehäuften Explosivstoffen. Sie bejubelten ihre Flagge
aus Gewohnheit und Tradition und verachteten andere
Nationen. Und plötzlich war der Krieg in ihrer Stadt, in
ihren Straßen und Manhattan war plötzlich ein Schmelz-
ofen vernichtender Flammen, aus dem es kein Entrin-
nen gab. Soweit die – verkürzte und veränderte – Beschreibung Al-Azm's.

Zur gefühlten kulturellen Situation der Araber beziehungsweise der Muslime bezieht Al-Azm ebenfalls Stel-
lung.

Es gibt eine zeitlich lange Wechselwirkung zwischen der arabisch-muslimischen Kultur und Europa, wobei in den letzten zwei Jahrhunderten die sich entwickelnde Modernität Europas der arabischen Welt Schwierigkeiten bereitete. Die arabische Welt fühlte sich nach Al-Azm als Subjekt der Geschichte und nicht als Objekt, aber sie kam nicht zurecht mit der Marginalität und dem passiven Reagieren, die die Geschichte ihnen zuzuschreiben schien, und wollte sich schon gar nicht damit versöhnen. Die Muslime empfinden es als monströs im tiefsten Grund ihrer Seele, dass sie keine bestimmende große Nation (umma) sind, sondern eher hilflos, unscheinbar und unbedeutend – und dazu noch, als Rest der Kolonialzeit, aufgesplittert in dutzende einzelne Länder und Gebiete. Und das verglichen mit Großreichen, die früher auf ihrem Territorium existierten.

Bei Islamisten bestand die Vorstellung, dass sich alle politischen, sozialen, kulturellen Dinge in ihrer Welt wieder zurechtrücken würden, wenn die herrschende europäische Kultur vom Sockel gestoßen würde, denn dann käme die historisch legitime Führung – die islamische – wieder zu ihrem Recht und ihrer natürlichen Funktion. Al-Azm zitiert den ägyptischen Philosophen Hasan Hanfi (geb. 1935), der die These einer verschütteten islamischen Identität vertritt. Die Wiederentdeckung des islamischen Erbes soll über die Kritik an der europäischen Kultur erreicht werden. Al-Azm zitiert zur Erläuterung Oswald Spenglers »Untergang des Abendlandes«, was dann automatisch zum Aufstieg des Islams führe, wie die generelle Erwartung sei. Wird diese großartige Erwartung der Muslime enttäuscht, in die sie sich unausgesprochen flüchten und wird diese Enttäuschung realisiert, so ist als Reaktionsmuster vieles möglich. Von wilden Attentaten über große kompensatorische Desillusion, massiven Minderwertigkeitskomplexen, verzweifelter Gewalttätigkeit bis letztlich zum großskaligen Terrorismus.

Das Aufeinandertreffen dieser westlichen und islamisch-arabischen Strömungen könnte den von P. Huntington angesprochenen »The Clash of Civilisation and the Remaking of the World Order?« bedeuten, sozusagen als Brennstoff für eine langdauernde Konfliktserie. Huntington hatte zuerst 1993 in »Foreign Affairs« und 1969 in einem Buch (Huntington 2002) über die Nachfolgesituation nach Beendigung des Kalten Krieges nachgedacht und einen massiven Bedeutungswandel in der Politik durch die wachsende Bedeutung der Kultur vorausgesagt. Mit dem Zitieren dieser Erwartung konnte Azm nicht voraussehen, dass die USA Kultur durch eine wahnhafte Antiterrorpolitik ersetzen würde.

In Bezug auf das 9/11-Attentat fragt man sich – beziehungsweise Al-Azm tut dies – warum es eigentlich möglich ist, dass Araber in der Lage sind, solche brillante Taktik, solche Langzeitvorbereitung, solche fehlerfreie Koordination und Synchronisation zu bewältigen, denn die Araber »sind eher kontemplativ und keine Deutschen oder Japaner«, wie es Al Azm formuliert. Bei dieser unterstellten Verfasstheit konnten sie schlechterdings nichts mit dem zu tun haben, was in New York und Washington geschah. Al Azm bemerkt erklärend dazu, dass die Amerikaner die Mudschaheddin so ausgezeichnet ausgebildet und trainiert hatten, dass sie ihre Lektion gut lernten, so dass sie bei erster und provozierter Gelegenheit ihre verheerenden Fähigkeiten gegen ihre früheren Herren und Meister lenkten.

Al Azm macht noch auf einen zusätzlichen weiterentwickelten Aspekt aufmerksam:

Die wilde Rhetorik, die sich besonders in den USA, aber zum Teil auch übrigen Westen hierzu ausbreitete, indem sie den 11. September glorifizierend zu einem historischen Wendepunkt der Geschichte machte, wie »vor oder nach« Christi Geburt, wie »vor oder nach« Erscheinen des Propheten Muhammad oder sogar wie

»vor oder nach« Hiroshima – führte dazu, dass diese Art von pseudo-apokalyptischer Rhetorik die internationale Debatte beeinflusste und hypnotisierte, so dass auf diese Weise die USA ihre ganz persönliche Agenda von Hass und aggressiven Verhaltensweisen etablieren und zur Richtschnur der Politik machen konnte. Der nach US-Meinung große Zivilisationsbruch erlaubte jede Art von aggressiver, Menschen verachtender Politik. Jedes unzivilisierte Verhalten wie Mord, Folter, Genozid, Weltspionage oder Abu Graib lässt sich so begründen. Und genauso schlimm wird die Gegenseite reagieren, wie Boku Haram, Ägypten, Syrien oder der Sudan zeigten.

Der entscheidende Punkt bei allen Überlegungen scheint mitnichten die Stärke und Wirklichkeit einzelner Positionen in der amerikanisch-europäischen Sicht auf der einen Seite und der islamisch-arabischen Sicht auf der anderen Seite zu sein, sondern die Tatsache, dass es sich bei dem USA-Al Kaida-Konflikt nicht um den Fall einiger wildgewordener Extremterroristen handelt, die es gilt zu töten oder einzusperren, sondern um eine interkulturelle Auseinandersetzung, die von zum Teil tiefliegenden prinzipiellen Strömungen gesteuert wird. Die USA und der Westen machen sich hier das Leben zu einfach. Hinzu kommt, dass offensichtlich bei den USA ein cäsarischer Weltbeherrschungswahn am Entstehen ist, wie auch die im Juli 2014 sich immer stärker zeigende Entwicklung um die NSA-Spionageaffäre zeigt. Offen ist hierbei, ob der amerikanische Präsident und die Führung zum Teil die Kontrolle über militärische und Geheimdienstgruppen verloren haben.

Die USA haben in den letzten vier Jahren einen Drohnenkrieg gegen die islamistische Welt begonnen, nach dem von der Rand Corporation vorgeschlagenem Strategieprinzip, dass Al-Kaida Führer, wo immer sie zu treffen sind, getötet werden sollten. Der Widerstand würde dann schon von allein zusammenbrechen. Zum einen zeigt sich, dass der Widerstand keineswegs zusammen bricht – im Gegenteil, er wird gebietsweise immer stärker. Zum anderen wird immer deutlicher, dass den Amerikanern keine Terroristengruppen gegenüberstehen, sondern ein Großteil der muslimischen Bevölkerung – so zerstritten sie auch in sich über Teilprobleme sein sollten. Die üble Erfahrung mit der amerikanischen Politik einigt sie, trotz aller Differenzen.

VI

Die dunklen Kapitel in der Geschichte der USA und deren Auswirkungen bis heute

Die zeitliche Überraschung von 9/11 war keine ursächliche Überraschung

Als am 11. September 2001 das American Airlines Flugzeug Nr. 11 um 8:46 Uhr den Nordturm des Welthandelszentrums traf und 9:03 Uhr der Flug United Airlines 175 den Südturm, sowie kurz darauf eine American Airlines Maschine in das Pentagon einschlug und eine weitere United Airlines Maschine bei Shanksville abstürzte, waren, wie zu erwarten, die Regierung, die Behörden und die Bevölkerung völlig überrascht. Die Behörden zwangen angesichts der nicht überschaubaren Situation als Vorsichtsmaßnahme sämtliche Flugzeuge im amerikanischen Luftraum, bei Androhung eines Abschusses, sofort auf dem nächsten Flughafen zu landen.

Präsident Bush weilte zu dieser Zeit bei einer Schülerlesung in Sarasota, Florida, und wurde um 9:00 Uhr von der bedrohlich-gespenstischen Lage unterrichtet. Da die Armee und Luftwaffe keine Vorstellung von den Angreifern und dem Ausmaß der Gefährlichkeit der Situation hatten, kreiste Präsident Bush in seiner Präsidentenmaschine Air Force One viele Stunden im Luftraum der USA, bis er 19:40 Uhr Washington und dann das Weiße Haus erreichte. Es besteht kein Zweifel, dass die Regierung, das Militär und die Öffentlichkeit von diesem Angriff überrascht wurden. Allerdings entsprechen die aus diesem Überraschungsangriff oft gezogenen Schlussfolgerungen, dass eine friedliebende USA von hinterhältigen Feinden unprovoziert angegriffen wurde, dass also die Attentate völlig unerwartet kamen, nicht der Wahrheit. Die Wechselwirkung der USA mit anderen Völkern, verschiedenen Kulturkreisen und US-amerikanischen

Interessensgebieten hat eine lange und sicherlich nicht nur friedliche, sondern auch zum Teil von den USA geprägte gewaltvolle Vorgeschichte. Sie ist sowohl für die betreffenden Völker wie gleichermaßen für die Islamisten von prägendem Einfluss, der sich dann ebenfalls in ihren Reaktionen niederschlug . 9/11 war der vorläufige Höhepunkt und nicht der Beginn einer Hass entwickelnden Auseinandersetzung.

Die Geschichte des Islams und das Leben der zugehörigen Völker geht zwar weiter, aber nicht so, als wäre die gewaltvolle Vorgeschichte nicht passiert. Die Brutalität und die teilweise erdrückende Arroganz der Amerikaner gegenüber ihren Gegnern – vielleicht spricht man besser von ihren Opfern und Abhängigen – sind und werden nicht vergessen. Sie leben in den Handlungen, politischen Haltungen, aber besonders in ihren Ressentiments fort und beeinflussen, oft in einer sehr subtilen Art, ihren Kampf bis hin zu den terroristischen Auseinandersetzungen. Die USA bestimmen also durch ihre früheren Kriege und Konflikte und die damit verbundene Aggressivität die heutigen Handlungen der Islamisten mit.

Um das verstehen zu können, wird zuerst beispielhaft die Geschichte des Irans betrachtet, denn der Iran spielte für viele Jahrzehnte eine fatale Schlüsselrolle in der US-amerikanischen Politik im Mittleren und Fernen Osten.

Als Einstieg in diese Diskussion kann eine Notiz dienen, der die Frankfurter Allgemeine Zeitung am 20.8.2013 folgende Überschrift voranstellte:

»CIA gibt Iran-Dokumente frei. Geheimdienst bestätigt Beteiligung an Putsch 1953«

»Der Auslandsgeheimdienst CIA hat laut Historikern erstmals öffentlich seine Beteiligung am Putsch im Iran vor sechzig Jahren zugegeben. Die CIA habe jüngst Geheimdokumente veröffentlicht, in denen sie sich zum ersten Mal formell dazu bekennt, den iranischen Ministerpräsidenten Mohammed Mossadegh gestürzt zu haben, teilte das Nationale Sicherheitsarchiv der Georg Washington Universität auf seiner Website mit. Mossadegh hatte sich den Zorn Washingtons und Großbritanniens zugezogen, weil er die Verstaatlichung der Ölindustrie entschlossen verteidigte. »Der Militärputsch, der Mossadegh und sein Kabinett der Nationalen Front stürzte, wurde unter CIA-Führung als ein Akt amerikanischer Außenpolitik durchgeführt,« heißt es in den Dokumenten, die dem internen Bericht «Der Kampf um den Iran« entstammen, den die CIA in den siebziger Jahren von einem hauseigenen Historiker anfertigen ließ. Bislang geschwärzte Passagen zum Putsch wurden nun freigegeben. Ein Geheimnis ist der Einsatz am 19. August 1953 (…) schon lange nicht mehr (...) Auch ehemalige Agenten hatten ihn in Büchern geschildert.« Soweit die Zeitungsnotiz.

Die Formulierung »unter CIA-Führung als ein Akt amerikanischer Außenpolitik« ist ein dröhnendes Signal taktvoller Völkerfreundschaft. Es ist üblich unter zivilisierten Völkern, ein Problem zuerst diplomatisch anzugehen und erst danach zu versuchen durch Aggression den Konflikt zu lösen. Die USA gehen hier praktischerweise den umgekehrten Weg – Putsch durch den eigenen Geheimdienst und keine Diplomatie. Ein Teil der Weltpresse vergisst, dass hier partiell der Grund für den heutigen USA – Iran Konflikt liegt – einschließlich des Involviertseins von Al-Kaida.

Andere Konfliktsituationen

Vergleichbare Vorgehensabläufe sind bei anderen Konflikten zu erkennen, bei denen die augenblickliche Krise in den brutalen Auseinandersetzungen früherer Zeit begründet ist.

Als gutes und geographisch näherliegendes Beispiel für unser besseres Verstehen von Ursachen und Folgen eines langzeitig schwelenden Konfliktes kann der Nordirland-England-Konflikt dienen, der uns aus unserem europäischen Kulturbereich bekannt ist. (Dazu mehr auch in Kapitel VII.) Hier drehte es sich um die Vorherrschaft der Engländer über die dortige Bevölkerung, Nachfahren der Normannen, die im 16. und 17. Jahrhundert in voller Härte ausgetragen wurde. Sie führte zur Rechtlosigkeit der Iren und der zwangsweisen Ansiedlung von Schotten und Engländern in Nordirland. Nach Ausrufung der Irischen Republik (ohne Ulster) 1920 bzw. 1948 kam es dann 1967 zu einer Bewegung, die in den terroristischen IRA-England-Konflikt kulminierte. Dieser Konflikt, der von beiden Seiten zum Teil mit großer Heftigkeit geführt wurde, konnte erst gelöst werden (Stand Anfang 2014, als dieses Buch geschrieben wurde), als beide Seiten bereit waren, auf die zugrunde liegenden Ursachen einzugehen und aufhörten, die jeweils Anderen als Unmenschen zu klassifizieren. – Wie sich zeigte, war der Konflikt militärisch nicht zu lösen, sondern nur durch Berücksichtigung der zugrunde liegenden geschichtlichen Ursachen.

Um eine Vorstellung über die Heftigkeit dieser Auseinandersetzung zu bekommen, ist in Bild 8 die Zahl der Bombenanschläge und die Zahl der Toten pro Jahr für den Zeitraum von 1969 bis 2009 aufgetragen. Interessant ist eine Untersuchung (Beggan 2009), die die Zahl der britischen Truppenstärke in Nordirland ins Verhältnis zur Zahl der Bombenanschläge pro Jahr in Nordirland setzt (Bild 9). Je mehr Soldaten England einsetzte, desto größer ist die Zahl der Anschläge durch die IRA.

Eine generelle Erfahrung, die durch viele sicherheitstechnische Analysen bestätigt wurde, ist die, dass terroristische Konflikte selten oder kaum durch militärische Unterdrückung oder Übermacht der staatlich-starken

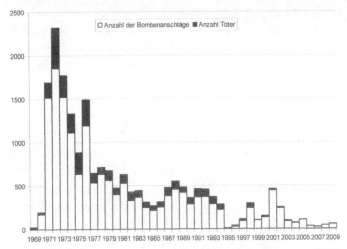

Bild 8: Zahl der Bombenanschläge der IRA und der Toten von 1969 bis 2009 in Nordirland

Seite gewonnen werden. Dazu ist wieder eine Untersuchung der Rand Korporation aufschlussreich (M.C.Libicki 2008). Von 268 untersuchten terroristischen Konflikten wurden 20 vom Militär gewonnen (7%), bei 27 (10%) erlangten die Terroristen einen militärischen Sieg, 124 (43%) wechseln in den politischen Kampf innerhalb der Gesellschaft und bei 107 (40%) wurde die militärische

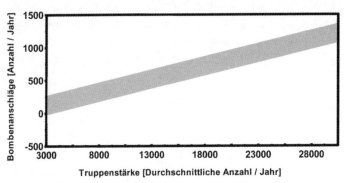

Bild 9: Zahl der Bombenanschläge pro Jahr in Abhängigkeit der englischen Truppenstärke von 1969 bis 1999. (Zahlenbasis nach Beggan 2009)

Schlüsselperson der Terroristen getötet oder inhaftiert. Letzteres muss aber nicht notwendigerweise zum endgültigen Ende der Gruppe führen. Insgesamt gesehen ist ein militärischer Sieg der Regierung, also der üblicherweise starken Seite, die Ausnahme.

Eine strukturell ähnliche Situation wie im gerade skizzierten IRA-England-Konflikt ist auch in dem zwischen Al-Kaida und den USA zu beobachten, obwohl die USA und die dortigen Politiker einen ethisch-politischen und sozial-kulturellen Konflikt leugnen. Es gab auch zu dieser Auseinandersetzung eine jahrhundertelange, und wenn man in umfassender Weise so will, sogar eine jahrtausendelange Vorgeschichte: die des Irans, der führenden Macht des Islams. Diese Vorgeschichte hat zu diesem Konflikt und der heutigen Situation mit beigetragen oder sogar dazu geführt. Die Vermutung liegt nahe, dass dieser Konflikt ebenfalls nicht durch Waffengewalt gelöst werden kann. Das westliche Lager wird die Bereitschaft zeigen müssen auf die historischen Hintergründe einzugehen, und ernsthaft überlegen müssen, wie es dieser Situation gerecht werden kann. Das kann aber kaum durch blinde Gewalt, Bombardierung oder dem zunehmenden Drohneneinsatz erfolgen. Im Gegenteil, es ist die jetzige Wirklichkeit zu sehen, in der die US-amerikanische Kriegsführung den Konflikt perpetuiert und verstärkt, zum Beispiel durch das Embargo gegen den Iran.

Das Beispiel Iran

Von allen islamischen Staaten nimmt der Iran eine Schlüsselrolle ein – wegen seiner Geschichte, seiner strategischen Lage, aber besonders wegen der im 19. Jahrhundert und Anfang des 20. Jahrhunderts entdeckten und bald im großen Stil ausgebeuteten Ölvorkommen. Gerade Letzteres hat das Interesse vieler jetziger und ehemaliger Großmächte erregt. Durch die strategische Lage des Landes und durch die spezielle Konstellation der Kriegsparteien im I. und II. Weltkrieg geriet der Iran in eine schwierige Lage, die von Großbritannien, den USA und der UdSSR stark ausgenutzt wurde. Sie führte zu traumatischen Demütigungen der iranischen Bevölkerung und einem heute noch vorhandenen antiwestlichen Bewusstseinswandel – durch zwei Mio. Todesopfer durch Hunger in einem der an sich reichsten Länder – welcher gegenwärtig stark präsent ist. Der Iran war im 20. Jahrhundert nicht mehr Herr seiner eigenen Geschichte!

Das früher Persien und heute Iran genannte Gebiet hat eine lange wechselvolle Geschichte mit phasenweise großer kultureller Ausstrahlungskraft. Im Jahre 1971 wurde in Persepolis und Teheran die 2500 Jahr-Feier der iranischen Monarchien gefeiert, mit der die große kulturelle Vergangenheit betont werden sollte. Unabhängig von der politischen Ausrichtung des Irans im Jahr 1971 gab es deutliche Zustimmung zur und Identifikation mit der eigenen Geschichte, obwohl natürlich vielen bewusst war, dass der herrschende Schah durch den US-Geheimdienst an die Macht gekommen war. Der Stolz bezog sich auf die eigene kulturelle Geschichte und Leistung, vermutlich weniger auf die damalige Machtstruktur. In der wissenschaftlich-kulturellen Blütezeit Persiens sind die Bürger der den jetzigen Iran bedrängenden Mächte mit hoher Wahrscheinlichkeit noch im Lendenschurz herumgelaufen, wenn diese denn als politisches Gebilde überhaupt existierten. Die jetzigen Siegermächte in Bezug auf den Mittleren Osten wie USA, Großbritannien oder Russland (UdSSR) werden von Islamisten durchaus nicht als die moralisch überlegenen Völker angesehen, sondern eher als zivilisatorische Neulinge. Eine Erkenntnis, deren Leugnung von Seiten der USA und verbündeten westlichen Staaten das Verstehen des Konfliktes sehr erschwert.

Spirituelle Einflussgrößen auf das Konfliktverhalten

Sozio-kulturell ist die Vorgeschichte auf dem Gebiet, das dem heutigen Iran entspricht, hochinteressant. Hier lebte mit Zarathustra einer der bedeutendsten Religionsgründer der Menschheit. Wann er genau gelebt hat, ist wegen der zum Teil widersprüchlichen Überlieferungen und Aufzeichnungen unklar. Man geht aber davon aus, dass es in der Zeit zwischen 1800 und 1400 v. Chr. gewesen sein muss. Es wird ein Geburtsdatum vom 26. März 1755 v. Chr. gehandelt. Die Zarathustrafamilie lebte im Bundesland Khorassan im Nordosten des Irans. Er selbst soll sich zuerst in Sistan (im Nordostiran) aufgehalten haben. Der Name Zarathustra soll die Bedeutung haben: »Einer, der ein leuchtendes Gesicht hat«. Als junger Mann fragte Zarathustra nach dem Sinn von Gott und Gottheit, dem Sinn angeblicher Wundertaten und Opferritualen, um zu einem Bild eines allwissenden Schöpfers und Allmächtigen zu gelangen, und das im Gegensatz zu der damaligen transzendentalen Vielfalt. Er lebte für mehrere Jahre am Hofe eines Schahs (Ritters) namens Goschtab, wo er seine Gedanken und Lehren entwickelte und sie predigend dem Volk übermittelte. Nach einigen Jahren schloss sich der Hof des lokalen Schahs und die Bevölkerung seinen Lehren an. Als Konsequenz aus ihren religiösen Vorstellungen wandten sich die Herrscher bei politischen Auseinandersetzungen vom kriegerischen Konflikt ab und einem eher politischen Ausgleich zu. Religionsgeschichtlich gesehen sind der Zoroastrismus und das Judentum die zwei ältesten monotheistischen Religionen der Welt. Ein wesentlicher Unterschied zwischen beiden Religionen besteht weniger in den religiösen Details, sondern darin, dass das Judentum für ein bestimmtes Volk (Israel) bestimmt, aber der Zoroastrismus offen, also allgemein zugänglich war, obwohl Kurden, Perser oder Tadschiken eine volksgebundene Rolle hätten übernehmen können.

Zarathustra sprach das Menschsein unabhängig von religiösen Strömungen generell an. Bekannter wurde sein Name durch Friedrich Nietzsches »Also sprach Zarathustra«, der sein Werk zwischen 1883-85 in vier Teilen schrieb. Er beschäftigte sich, vereinfacht gesprochen, mit dem Problem, wie eine Lehre, die in sich selbst in einer Person gewachsen ist, dem allgemeinen Verständnis zugänglich gemacht werden kann. Die Lehre Zarathustras fand größere Verbreitung und hat auch heute noch Anhänger in Persien und Indien, aber auch darüber hinaus. Angesichts der religiösen Durchdringung im Mittleren und Fernen Osten ist die amerikanische Politik, im Zusammenhang mit dem Iran von der Achse des Bösen zu sprechen eine Formulierung, die weniger mit den dortigen politischen Verhältnissen zu tun hat als mit der psychosozialen Befindlichkeit der Bush-Administration.

Zarathustra sprach sich für den friedvollen Ausgleich aus, eine noch verbreitete Haltung persischer Wesensart. Die heutigen Anhänger dieses Gedankenguts werden Parsen genannt. Über die feindliche Vorstellung der Amerikaner zu ihrer Umwelt wird noch zu sprechen sein.

Auf dem heutigen Gebiet des Irans existierten jeweils über Jahrhunderte die Dynastien der Achämeniden (559 – 330 v. Chr.), der Parther (250 v.Chr. – 224 n.Chr.), der Sasaniden und das persische Großreich der Safaniden (224 – 642 n.Chr.), wobei bei letzteren Esmail I. als politischer Führer herausragte, denn er führte den schiitischen Islam als Staatsreligion ein, ein Schritt, der bis heute aufgrund der sunnitisch-schiitischen Rivalität erhebliches Konfliktpotential beinhaltet.

Unter Kyrus II. eroberten die Perser neben Syrien und Palästina auch Babylon, was anzeigt, dass sich dieses Reich, für damalige Verhältnisse, zu einer Weltmacht entwickelt hatte. Kyrus II. zeichnete sich durch Toleranz aus und beließ den unterworfenen Völkern Religion und

Kultstätten, eine Haltung, die sicherlich identitätsstiftend wirkte. Sein Sohn Kambyses II. (530 – 522 v.Chr.) besetzte Unterägypten, was dadurch über hundert Jahre Teil des achämedischen Großreiches wurde.

Unter Darius I. erreichte das Reich eine nie wieder erlangte Vormachtstellung und Ausdehnung – vom Industal, der kleinasiatischen Westküste, der südrussischen Steppe bis nach Äthiopien und Lybien. Mit anderen Worten: Dieses Reich umfasste nahezu alle Stammländer des heutigen islamisch-westlichen Konfliktes. Alexander der Große schlug bei Issos (333 v.Chr.) und Gangameda (331 v.Chr.) die Perser und verstand sich als Nachfolger des persischen Großkönigtums. (Wie wir alle im Geschichtsunterricht in der Schule gelernt haben – 333: bei Issos Keilerei).

Ich erwähne hier nur wenige geschichtliche Daten zu dem alleinigen Zweck, dass verständlich wird, aus welchem geschichtlichen Kontext heraus die Iraner die Welt heute verstehen und behandeln. Sie mögen zwar im heutigen Iran Islamisten, Kommunisten, Adlige oder Offiziere verschiedenster politischer Ausrichtungen sein, haben aber doch das Bewusstsein einer großen Tradition, handeln danach und interpretieren so die politische Welt. Diese Gedankentradition ist im heutigen Iran noch wirksam.

Im heutigen Russland, um ein anderes Beispiel zu nennen, wird an die russische Tradition, wenn auch mit kapitalistischem Einschlag, des 19. Jahrhunderts angeknüpft – trotz 70 Jahre Sowjetunion und 60 Millionen von den Sowjets ermordeten Andersdenkenden im eigenen Land. Das heißt, Denkweisen leben oft länger als bündnispolitische Randbedingungen.

Der Putsch des CIA im Iran

Der Iran war nie im klassischen Sinne eine Kolonie, aber Engländer und Russen bekamen zunehmenden Einfluss, zum einen durch das immer wichtiger werdende Öl, zum anderen um strategische Vorteile bei möglichen Konflikten zu haben, so dass die Herrscher – also der jeweilige Schah – keine eigenständige Politik betreiben konnten.

Zufälle spielen manchmal in der Geschichte eine entscheidende Rolle. Winston Churchill, der spätere Premierminister Englands während des II. Weltkrieges und auch nach dessen Ende Anfang der 50er Jahre, war vor Beginn des I. Weltkrieges der höchste Beamte der britischen Admiralität. In dieser Eigenschaft beschloss er, dass alle britischen Kriegsschiffe von Kohlefeuerung als Antriebssystem auf Öl umgerüstet werden sollten. Vom Be- und Entladen, von der Energiedichte und der zeitlich schnellen Verfügbarkeit bei Kriegsoperationen sicherlich ein weiser Beschluss, bis auf die Tatsache, dass zu Anfang des 20. Jahrhunderts England beliebig viel Kohlevorräte und entsprechende Bergwerke besaß, aber keinerlei eigene Erdölvorräte. (Das Nordseeöl vor der englischen und schottischen Küste wurde erst Jahrzehnte nach dem II. Weltkrieg interessant, da erst dann die Tiefseeförderung technisch machbar wurde.) Die englische Flotte war für das englische koloniale Weltreich überlebensnotwendig, das Öl zum Betrieb dieser Flotte musste also aus anderen Ländern herbeigeschafft werden.

Diese Situation machte den Iran zu einem Objekt der Begierde, abgesehen von der strategisch wichtigen Lage in Bezug auf Indien und Afghanistan und der Tatsache, dass im II. Weltkrieg über den Iran amerikanische Militärhilfe von ca. 18 Milliarden US-Dollar an die Sowjetunion geliefert wurden, ohne dass der Iran gefragt wurde, geschweige denn, dass er Infrastrukturnutzungsgeld erhielt. [Weiner, S. 123, 2008]

Die Briten besorgten sich zu Anfang des I. Weltkrieges nicht nur den größten Anteil an der Anglo-Persian-

Oil Company (APOC). Das Öl lieferte den Brennstoff für die britische Weltflotte, aber zusätzlich sorgten die sprudelnden Einnahmen aus dem Verkauf des Öls an andere auch für deren Bezahlung, eine einmalig komfortable Situation. Das iranische Erdöl wurde zusätzlich zum Lebensquell des britischen Finanzministeriums [Weiner, 2008].

Generell muss man sagen, dass durch den britischen (und später auch amerikanischen) Expansionsdrang der Konflikt zwischen England und Persien, heute also Iran, permanent wurde. 1856/57 kam es zum Britisch-Persischen Krieg. Es ging um das Gebiet von Herat, das dann im Friedensvertrag zu Paris (1857) Afghanistan zugeschlagen wurde.

Britische, russische und türkische Soldaten besetzten 1915 bis 1921 den Norden des Irans, verwüsteten große landwirtschaftliche Flächen und lösten eine Hungersnot aus mit möglicherweise 2 Mill. Toten [Weiner, 2008]. 1925 wurde Resa Chan zum Schah ausgerufen, der 1941 von den erneut einmarschierten Engländern und Russen ins Exil getrieben wurde – gefolgt von seinem Sohn Resa Schah Pahlawi. Die APOC, also die britisch beherrschte Ölgesellschaft, betrog die persische Regierung systematisch um Milliarden Dollar, so dass der Hass der Iraner diese zum Teil zu Gefolgsleuten einer sich entwickelnden Nationalsozialistischen Partei machte.

Der amerikanische General Norman Schwarzkopf baute während und nach dem Zweiten Weltkrieg eine auf dem Lande operierende Polizeitruppe auf, sein Sohn mit gleichem Namen kommandierte die US-Truppen 1991 im Irak (»Desert Storm«). 1943 trafen sich die Alliierten in Teheran, um über die Aufteilung der Kriegsbeute zu entscheiden. Zurück ließen sie ein Land, das dem Verhungern nahe war. Die iranischen Erdölarbeiter verdienten im Dienst der Engländer 50 Cent pro Tag – um die soziopolitischen Verhältnisse zu beschreiben.

Nach dem Weltkrieg forderte Mossadegh, der später durch das Parlament gewählte Ministerpräsident, das Parlament auf, die Ölkonzessionen neu zu verhandeln. Die Briten – um das zu verhindern – versuchten Einfluss auf die öffentliche Meinung im Iran zu nehmen und bestachen Politiker, Zeitungsherausgeber sowie den Direktor des Staatsrundfunks.

Im April 1951 sprach sich das iranische Parlament für die Verstaatlichung der iranischen Ölproduktion aus. Kurz danach wurde Mohammad Mossadegh Premierminister des Irans. Die Briten organisierten einen Boykott gegen das iranische Öl, so dass es nicht verkaufbar war. – Es ist erneut eine ironische Entwicklung der Geschichte, dass die USA und der Westen heute den Iran erneut erpressen um das iranische Atomprogramm zu behindern, obwohl keine wirklich belastbaren Beweise für ein nukleares Rüstungsprogramm des Irans bekannt wurden. Die Situation ist der des Iraks ähnlich, insofern als der Irak von den Amerikanern beschuldigt wurde, chemische Massenvernichtungswaffen im großen Stil zu besitzen, die es nie gab!

Britische Offiziere entwarfen Pläne, mit 70.000 Soldaten die Ölfelder und Anlagen des Irans zu besetzen. Am 26. November 1952 kam es in Washington zu einem Treffen zwischen hohen amerikanischen und britischen Geheimdienstoffizieren, um zu verhandeln, wie man Mossadegh stürzen könne. Die USA übernahmen die Führungsrolle. Die Briten wählten als Decknamen für die Operation »Boot«, die Amerikaner »Ajax«; als Hinweis auf den mythischen Helden des trojanischen Krieges. Weiner (Weiner 2008), von dem hier eine Reihe von Fakten über die Politik der Westmächte im Iran während der 50er Jahre zitiert sind, bemerkt dazu süffisant: »Eine seltsame Namenswahl, denn das Epos erzählt, wie Ajax wahnsinnig wird, eine Schafherde niedermetzelt, weil er die Schafe für Krieger hält, und sich dann, als er wieder bei Sinnen ist, aus Scham das Leben nimmt.« Soweit zur geschichtlich-mythologischen Kenntnis der USA.

CIA-Leute hatten heimlich Geld- und Waffenvorräte im Iran angelegt, die ausreichten, um 10.000 Stammeskrieger sechs Monate zu unterstützen. Am 4.April 1953 überwies die CIA-Zentrale dem Teheraner Büro eine Million US-Dollar. Die Briten bestimmten, zum Entsetzen der Amerikaner, den als Lebemann bekannten, pensionierten Generalmajor Fashollah Sahedi zum Spitzenmann des Staatsstreiches. Sahedi, mit 75.000 US-Dollar der CIA ausgerüstet, sollte ein Militärsekretariat bilden und mehrere iranische Oberste auswählen. Eine »Terrorbande« (so Wortlaut des CIA) sollte politische und persönliche Anhänger Mossadeghs innerhalb und außerhalb der Regierung mit Morddrohungen überziehen. Im Rahmen einer 150.000 US-Dollar teuren Propaganda zur Steuerung der iranischen Presse verfasste der CIA Flugschriften und Plakate mit Themen wie: »Mossadegh begünstigt die Tudeh-Partei und die UdSSR«, »Mossadegh ist der Feind des Islams«, »Mossadegh zerstört die Moral der Armee«, »Mossadegh will vorsätzlich den wirtschaftlichen Zusammenbruch und ist durch Macht korrumpiert«. Außerdem gingen weitere Gelder, 11.000 US$ pro Woche, direkt in die Bestechung von Parlamentsabgeordneten.

Ein Oberst, der als iranischer Verbindungsmann zu McClures Militärberatergruppe tätig war, wurde vom CIA zur Durchführung des Staatsstreiches angeworben. Er konnte weitere 40 Offizierskollegen gewinnen.

Kim Roosevelt, Leiter der CIA im Nahen Osten, ließ ein kaiserliches Dekret anfertigen, in dem Mossadegh entlassen und General Sahedi zum Premierminister ernannt wurde. Der Schah, der ans Kaspische Meer geflohen war, wurde gezwungen das Dekret zu unterzeichnen.

K. Roosevelt befahl seinen iranischen Agenten, das Telegrafenamt, das Propagandaministerium, die Polizeizentrale und das Armeehauptquartier zu überfallen. Nach Gefechten waren CIA-Agenten kurz danach bei Radio Teheran auf Sendung. Die kaiserliche Garde unter Führung der CIA wechselte die Fronten und griff das Haus Mossadeghs an. Der Premierminister konnte fliehen – ergab sich aber am nächsten Tag. Er verbrachte drei Jahre im Gefängnis und weitere zehn Jahre – bis zu seinem Tode – unter Hausarrest. Der eingesetzte neue Premier begann die Opposition niederzuwalzen und Tausende politischer Häftlinge einzusperren. Im Namen und Interesse der USA stürzte der CIA die legitime iranische Regierung und ersetzte sie durch eine Marionette.

Der Schah wurde zum Kernstück der amerikanischen Außenpolitik in der Welt des Islams. Noch jahrelang vertrat nicht der US-Botschafter, sondern der Leiter des CIA-Büros die USA beim Schah, um deutlich zu machen, wer das Sagen hat und welche »Wertschätzung« die Iraner genießen. Dieses Geschehen hat tiefe Spuren im Bewusstsein der iranischen Bevölkerung, aber besonders der Jugend, hinterlassen. Eine Generation von Iranern wuchs heran in dem Wissen, dass die CIA den Schah an die Macht gebracht hatte (die letzten Abschnitte zitiert nach Weiner, 2008).

Diese ganze Entwicklung sollte man im Auge behalten, wenn man die vom Westen so bezeichneten undemokratischen Verhältnisse des heutigen Regimes im Iran betrachtet und auch die Ursache für das heutige Ajatollah-Regime bewerten will.

Für den terroristischen Konflikt zwischen Al-Kaida und den USA sind darüber hinaus eine ganze Reihe von Aspekten bedeutsam: Die Art, wie die Westmächte ihre Interessen in diesem Konflikt durchgesetzt haben, hat sicherlich einen bleibenden und viele Jahrzehnte wirksamen Eindruck auf die Bevölkerung, die nachfolgenden Generationen und die politisch Handelnden hinterlassen.

Zum Beispiel die Tatsache, dass man zwei Millionen Iraner verhungern ließ, was stark an den IRA-England-Konflikt erinnert, bei dem ebenfalls zwei Millionen Iren verhungerten. Ein Faktum, was erheblich zur Gründung und wachsenden Stärke der IRA beitrug.

Zum Beispiel die Art und Weise:

· wie die Nachkommen einer hoch kultivierten Nation, die der der USA und Englands historisch weit überlegen war, in den Augen der Iraner wie Vieh und Pöbel behandelt wurden.

· wie die Käuflichkeit zu politischem Prinzip erhoben wurde,

· wie die ölreichen Iraner zu Bettlern gemacht wurden,

· wie die USA demonstrierten, wie sie mit Völkern und Staaten umgehen, die ihren Interessen im Wege stehen und

· wie rücksichtslos sie das inszenierten.

Dies alles schuf den Hintergrund für die gegenwärtige Politik des Irans. Besonders wurde durch den ganzen Komplex des Geschehens den Iranern demonstriert, dass sie nicht schwach, hilflos und nicht industriell und militärisch unterlegen sein dürfen, denn nur auf der Basis dieser Hilflosigkeit konnten die USA und die CIA so mit ihnen umgehen, wie sie das exekutiert hatten.

Eine direkte Verbindung zwischen der vergangenen Politik der CIA und der USA im Iran und der daraus resultierenden Empörung der Iraner zeigte sich durch die Besetzung der US-Botschaft in Teheran vom 4. Mai 1979 bis zum 20. Januar 1981 durch eine Gruppe von iranischen Studenten. Dabei wurden 52 US-Diplomaten in Geiselhaft genommen.

Formal geschah die Besetzung aus Protest gegen die Haltung der USA, die dem iranischen Schah Schutz und Zuflucht gewährten. Der Schah war krebskrank. Deutlicher wird die Situation durch eine Presseerklärung des Außenministers der islamischen Republik Iran vom 5.

November 1979, in der die Geiselnahme gerechtfertigt wurde als: »Demonstration eines Teils unserer Bevölkerung und die natürliche Reaktion des unterdrückten iranischen Volkes auf die Missachtung der verletzten Gefühle dieses Volkes seitens der amerikanischen Regierung«.

Die Geschichte des Irans über Jahrhunderte und die Wechselwirkung mit der abendländischen Politik ist mit ein treibendes Moment des heutigen USA-Al-Kaida Konfliktes. In der Erinnerung ist es zusätzlich sicherlich nicht hilfreich, dass die US-Kriegsmarine vor einigen Jahrzehnten ein vollbesetztes Verkehrsflugzeug durch ein technisch gut ausgerüstetes Kriegsschiff aus Versehen abschoss, für das für einige Zeit das Attentat von Lockerby als Vergeltung angesehen wurde. Geschichtliche Entwicklung und Verstrickung beider Konfliktpartner geben zusätzliche Schubkaft für den Konflikt.

Die dunklen Seiten

Zu Anfang dieses Kapitels wurde ausgeführt, dass bei einem terroristischen Konflikt nicht nur der augenblicklich bestimmende Aggressionswille die alleinige Größe ist, sondern dass auch die Vorgeschichte und die »Leichen im Keller« eine wichtige Rolle spielen können, und es auch oft tun.

Bei der augenblicklichen Antiterrorismuspolitik der USA ist auffällig, mit welcher Totalität und nicht nachvollziehbarer Aggressivität sie handelt. Die USA stellt in ihrer Antiterrorismuspolitik jeden, in der ganzen Welt, unter einen Generalverdacht (z.B. M. Haufeld 2014) und gab sich das Recht, jeden Einzelnen durch die NSA zu überwachen – wohlgemerkt jeden Einzelnen in der ganzen Welt. Egal, ob das Frau Merkel, Herr Putin, Herr Hollande oder ein Bergarbeiter in einer schlesischen Kohlegrube ist. Man nennt diese Haltung Größenwahn. Auch wir hatten bereits die »Ehre« ein ähnlich übersteigertes

Verhalten in unserem Land erkennen zu müssen. Es war der größte allwissende Feldherr »aller« Zeiten, der im April 1945 sein Leben selbst beendete.

Die Frage, die sich jetzt stellt, ist doch die, ob diese Haltung, dieses Erscheinungsbild der USA ein Zufall ist, oder ob es Hinweise aus der Vergangenheit gibt, die die Haltung erklärbar machen. Ist die Totalität der amerikanischen Konfliktpolitik ein geschichtlich sich entwickelndes Wesensmerkmal geworden?

Blicken wir zurück in die Entstehung und die Geschichte der USA, so ist zu erkennen, dass bei der Ausbreitung der weißen Siedler auf dem amerikanischen Kontinent Millionen von Indianern zugrunde gegangen sind. Ohne und vor den weißen Siedlern lebten ca. 18 Millionen Indianer in Nordamerika (ohne Inuit und nicht verwandte Völker). 1900 existierten noch 0,4 Millionen Indianer.

Die Frage, ob hier ein Genozid stattgefunden hat, wird oft und kontrovers diskutiert. Sicher ist, dass Indianer durch die von Weißen eingeschleppten Krankheiten in großer Zahl gestorben sind. Zum anderen ist sicher, dass ursprünglich in Nordamerika 60 Millionen Büffel lebten, die vielen Indianerstämmen als Hauptnahrung dienten. 1883 lebten von diesen Millionen Büffeln nur noch ungefähr eine Handvoll (Sie wurden zum Teil mit Maschinengewehren getötet, ohne jeden Verwendungszweck). Viele Indianer sind also verhungert. Zusätzlich gab es das 1863 verfasste und Gesetzeskraft erreichende Heimstättengesetz, das es jedem Weißen freistellte, das Land, das er von den Indianern wollte, an sich nehmen zu können. Die Indianer wurden heimatlos oder auf engstem Gebiet zusammengepfercht, auf dem sie nicht wirklich existieren konnten.

Ob das, was da passierte, tatsächlich Genozid war oder das üble Zusammentreffen von schwierigen Umständen, sei dahingestellt. Offensichtlich ist aber, dass die amerikanische Zentralregierung in Washington verantwortlich für das Verschwinden der Indianer und ihrer Kultur ist. Zusätzlich sei noch bemerkt, dass bis 1984 indianische Frauen sterilisiert und indianische Kinder den Eltern weggenommen wurden, um sie in christlichen Schulen auf den »rechten« Weg zu bringen.

Im Bezug auf die »dunklen Seiten« ist weiterhin festzuhalten, dass die USA die einzige Nation sind, die Atomwaffen gegen Menschen eingesetzt haben. Als in der Wüste von Arizona die erste Atombombe gezündet wurde, veranlassten die Generäle, dass sich Kompanien von Soldaten ungeschützt aufstellen mussten um festzustellen, welche Wirkung die Strahlung der Bombe auf den Menschen habe. Die Wissenschaft wusste das zwar nicht im Detail, aber generell schon. Das waren Experimente am Menschen, die viele mit Krankheit und Tod bezahlt haben – ohne jeden Nutzen.

Als die Amerikaner die Bomben über Hiroshima und Nagasaki abwarfen, waren die Japaner längst bereit militärisch zu kapitulieren. Das Interesse und die Neugier waren allerdings auf der amerikanischen Seite größer als das Zurückscheuen vor dem Offensichtlichen. Es war vorauszusehen, dass sich Plutoniumbomben nahezu identisch zur Uranbombe verhalten würden – Nagaski machte also wissenstechnisch keinen Sinn.

Die Amerikaner sind auch die einzige Nation, die Erfahrung mit der Anwendung von chemischen Massenvernichtungswaffen haben. In Vietnam haben die USA zur Entlaubung von Bäumen Agent Orange eingesetzt. Bei der Herstellung dieser Chemikalie entstehen als Nebenprodukt Dioxine – bekannt durch den Seveso-Störfall in Italien – die hochtoxisch sind. Die amerikanischen Streitkräfte haben ca. 100 Millionen Liter dieses Giftes über Vietnam und Laos versprüht (Terzani 2007). Es ist das erste Mal in der Geschichte der Menschheit, dass ein solches Massenvernichtungsmittel in diesem Maße eingesetzt wurde, auch unter Berücksichtigung der Chlorgasangriffe im I. Weltkrieg. In Vietnam wird dadurch von 200.000 Krebstoten gesprochen. Auch jetzt, nach Jahrzehnten, kommen dort missgebildete Kinder zur Welt, da Boden und Umwelt verseucht und Erbgut langfristig geschädigt ist.

Die USA haben auch Erfahrung mit biologischen Waffen (Terzani 2007), als sie an die Indianer Decken verteilten, die mit Pockenviren getränkt waren.

Die Überschrift dieses Abschnitts heißt »Dunkle Seiten«. Mit den angeführten Beispielen ist wohl deutlich geworden, dass ein Teil der amerikanischen Elite, die die Gesellschaft trägt, offensichtlich von einem Geist geprägt ist, der nicht unbedingt den abendländischen Wertevorstellungen entspricht und eine rücksichtslose Durchsetzung einer Idee (oder Besessenheit) zum Ziel hat. Eine treibende Kraft dazu ist sicherlich die absolute Priorität ökonomischer Gesichtspunkte, die danach strebt, den maximal möglichen Erfolg und damit auch den maximal möglichen Gewinn aus jeder Situation zu ziehen.

Das Töten wird genauso der Kosten-Nutzen-Relation unterworfen wie das Einhalten ethischer Prinzipien. Sind Letztere zu teuer, werden sie einfach gekippt. Stehen Frauen der Zurückdrängung der Indianer im Wege, werden sie sterilisiert. Stehen Wälder der ungehinderten Beobachtung des Vietkong in Vietnam im Wege, werden die Wälder zerstört, unbeschadet der Tatsache, dass den Vietnamesen die Lebensgrundlage entzogen wird. Das gilt nicht nur für Vietnam, sondern auch für Laos. Haben die Amerikaner die Vermutung, dass unter einer Million Menschen ein potenzieller Terrorist sein könnte, so wird diese eine Million Menschen überwacht und ausgespäht. Eine mögliche Differenzierung und Rücksicht auf das Privatleben des Einzelnen ist aufwendig und teuer, also versucht man sie erst gar nicht. Das ist die amerikanische ökonomisch geprägte Politik, die auch vor der Menschenwürde nicht halt macht. Menschliche Würde kommt in ökonomisch orientierten Überlegungen nicht vor. Diese Haltung ist die Essenz der amerikanischen Industriegesellschaft, wie sie sich in vielen Bereichen darstellt. Was hat das mit dem US-AL-Kaida Konflikt zu tun? Die Terroristen kennen die amerikanische Sicht der Dinge und das Verhalten der Amerikaner in der islamischen Welt genau. Und das führt zu einer definitiven Verhärtung ihrer Position, wie die Welt der Attentate zeigt. Das psychologische Bild vom Anderen ist eine fast genauso wirkende Information im Kriegsgeschehen wie die Zahl der Waffen der Gegenpartei, der Nachschub an Lebensmitteln oder die ärztliche Versorgung.

Der Fall Guantanamo

(Julia Lewitzki)

Wir alle haben geglaubt, dass Folter in unserer westlichen Welt abgeschafft sei. Zugleich konnten wir uns selbst dabei ertappen, dass wir im Fall um den entführten Bankierssohn Jakob von Metzler tatsächlich über mögliche Ausnahmen nachgedacht haben, so tragisch erschien uns die menschliche Ebene dieses Falles.

Rechtsstaatlichkeit ist keineswegs immer bequem.

Unrechtmäßige Kombattanten – außerhalb des Rechts
Grundrechte sind eine Entwicklung eines jahrhundertelangen Kampfes von Generationen mit ersten Schritten insbesondere durch die amerikanische Unabhängigkeitserklärung sowie die Französische Revolution.

Während jedoch – auch in den USA – über rechtsstaatliche Prinzipien und Menschenrechte an Schulen und Universitäten gelehrt wurde, trat mit dem 11. September 2001 eine neue Weltordnung ein, in der diese Grundsätze nicht mehr für alle Geltung haben und faktisch zu einer teilweise leeren Hülle demontiert werden sollten.

Mit der Überzeugung eines Gottgesandten rief George W. Bush nach den Anschlägen des 11. September den

Krieg gegen den Terror aus, der durch die Medien bereitwillig aufgegriffen wurde. Die Verantwortlichen für die Anschläge sollten »gejagt« werden. Die Fiktion des »General War on Terrorism« diente dazu, die verfassungsrechtlichen Machtbefugnisse des Präsidenten auf Kosten der anderen beiden Staatsgewalten in einem Maße auszudehnen, das fast diktatorische Züge annahm. (Nowak, 2006)

Angesichts der Gefährlichkeit der Terroristen, wie sie durch die Bush-Regierung propagiert wurde, seien völkerrechtliche Regelungen sowie Menschenrechte zurückzustellen. Schnell wurde argumentiert, es handele sich um eine neue und mit bisherigen Auseinandersetzungen nicht vergleichbare Form des Krieges, bei dem die Feinde als unrechtmäßige Kombattanten vom Rechtssystem ausgeschlossen werden müssten beziehungsweise sich selbst ausgeschlossen hätten. Jedes Mittel sei legitim.

So wurde durch die damalige Regierung die Auffassung vertreten, dass auch Guantánamo legal sei, das am 11. Januar 2002 eröffnet wurde (»Camp X-Ray«).

Der Standort war bewusst gewählt worden, da man mit den Häftlingen nach Belieben verfahren wollte. Die Gefangenen sollten dem amerikanischen Strafprozess mit seinen Verfahrensrechten entzogen sein. Erst Mitte 2004 entschied der Supreme Court, dass für die Inhaftierten der Zugang zu den US-Gerichten gewährleistet sein müsse.

Die Förderung modernen Menschenhandels

Ausgelobtes »Kopfgeld« in Höhe von 5.000 Dollar für jeden feindlichen Kämpfer lieferte den Ansporn für eine besondere Art des Menschenhandels im 21. Jahrhundert. Ein solcher Betrag stellte vor dem Hintergrund der Lebensumstände in Afghanistan und Pakistan ein verlockendes Angebot dar, über das Ende 2001/Anfang

2002 über Flugblätter, die die amerikanischen Truppen über beiden Ländern abwarfen, informiert wurde: »Sie erhalten Wohlergehen und Macht, die weiter gehen als Sie je geträumt hätten! Sie können Millionen von Dollar verdienen, wenn Sie den gegen die Taliban kämpfenden Truppen helfen, Anhänger von al Qaida und der Taliban festzunehmen. Dieses Geld wird Ihnen ermöglichen, Ihre Familie, Ihr Dorf, ja sogar Ihren Stamm bis ans Ende ihres Lebens zu unterstützen! Sie können sich Vieh kaufen, wenn notwendig einen Arzt bezahlen und Schulbücher und ein Haus für Ihre Familie finanzieren« (amnesty, 2010).

Die Verlockung war groß, die Chance wurde vielfach genutzt. Prägnant in diesem Zusammenhang ist ein Fall einer Dorfgemeinschaft, die einen Mann, der nicht einmal Moslem war, zunächst als Gast aufgenommen und ihn dann so lange gefangen gehalten hatte, bis ihm ein Bart gewachsen war, ihm den Koran beigebracht und ihn anschließend als Islamisten verkauft hat. (Braschler, 2012)

Die »Killer« von Guantánamo
Indes erklärte General Myers, Chef des Vereinigten Generalstabs, die Gefangenen müssten Zwangsmaßnahmen unbedingt unterworfen werden, denn sie seien so gefährlich und vernichtungsbesessen, dass sie, gäbe man ihnen nur die kleinste Chance, »hydraulische Leitungen im Heck einer C-17 durchbeißen würden, um sie zum Absturz zu bringen«. (Rose, 2004 a)

Noch im November 2008 mussten die USA die Zahl der im Lager inhaftierten Minderjährigen von acht auf zwölf korrigieren – jedenfalls war das die Zahl, die dem UN-Ausschuss für Kinderrechte mitgeteilt wurde. Ein Gefangener, der bereits 2002 als Minderjähriger nach Guantánamo verbracht worden war, hatte 2006 Suizid begangen. Der erste Prozess gegen einen Insassen, den

Australier David Hicks, begann am 26. März 2007, d.h. mehr als fünf Jahre nach Eröffnung des Lagers.

Von den fast 800 Gefangenen, die insgesamt inhaftiert waren, sind nur sieben von Militärkommissionen verurteilt worden. Fünf davon haben sich selbst schuldig bekannt, da dies der einzige Weg war, Guantánamo zu verlassen. (amnesty, 2014)

Willkür und Folter

Das System Guantánamo verstößt gegen grundlegende Prinzipien internationalen Rechts. Insbesondere das Genfer Abkommen Nr. III über die Behandlung von Kriegsgefangenen ist auch von den Vereinigten Staaten ratifiziert worden: »Die Kriegsgefangenen sind jederzeit mit Menschlichkeit zu behandeln … (und) … müssen ferner jederzeit geschützt werden, namentlich auch vor Gewalttätigkeit oder Einschüchterung, Beleidigungen oder der öffentlichen Neugier…«

Vor diesem Hintergrund sei beispielhaft für zahlreiche Schilderungen die eines Inhaftierten wiedergegeben: »An diesem Tag hatten sie mich und meine Zelle schon zweimal durchsucht … meinen Körper abgetastet, um die Geschlechtsteile herum. Und jetzt wollten sie´s noch mal machen …, aber ich sagte nein. … Was kam waren die fünf Feiglinge, wie ich sie nannte; fünf Kerle, ausgerüstet wie Polizisten bei der Aufstandsbekämpfung, die in die Zelle reinrannten. Sie sprühten mir Pfefferspray ins Gesicht, und ich fing an, mich zu übergeben … Dann drückten sie mich zu Boden und fielen über mich her, sie bohrten mir die Finger in die Augen, sie zwangen meinen Kopf ins Klobecken und betätigten die Wasserspülung. Sie fesselten mich wie ein wildes Tier, knieten sich auf mich und bearbeiteten mich mit Fußtritten und Fäusten. Zum Schluss schleiften sie mich in Ketten aus der Zelle in den Gefängnishof und rasierten mir Bart, Kopfhaar und Augenbrauen ab.« (Rose, 2004b)

Durch besondere Medienpräsenz zeichnete sich die Verhörtechnik »Waterboarding« aus: Dabei wird der Gefangene mit nach oben gelagerten Füßen auf eine Bank gebunden. Auf dessen Stirn wird ein Lappen gelegt und Wasser derart über Mund und Nase geschüttet, dass die Luftzufuhr eingeschränkt wird. Es wird permanent Wasser nachgegossen. Der Kohlendioxidanteil im Blut steigt und macht es noch anstrengender zu atmen. So soll, dies protokollierte das US-Verteidigungsministerium, »die Wahrnehmung von Ersticken und einsetzender Panik, das Gefühl des Ertrinkens« entstehen. Die Prozedur wird wiederholt, nachdem der Gefangene wieder Luft geschnappt hat. (Wurster, 2014) In diesem Zusammenhang ist eine Bemerkung bedeutsam, die Paula Begala, Beraterin von Präsident Clinton, gemacht haben soll: »Unser Land hat japanische Soldaten exekutiert, die Waterboarding an amerikanischen Kriegsgefangenen ausgeführt hatten.«

Die CIA-Flüge
In Zusammenhang mit Guantánamo sind auch die so bezeichneten »extraordinary-renditions« zu nennen. Im Rahmen dieser Flüge, mit durch die CIA angemieteten Privatflugzeugen, wurden »Terrorverdächtige« in Geheimgefängnisse in verschiedenen Staaten (z.B. Syrien oder Usbekistan) verfrachtet, um dort unter Einsatz »kreativer« Verhörmethoden in menschenrechtsfreien Staaten um jeden Preis Informationen über terroristische Aktivitäten und Komplizen zu gewinnen. (Hedinger, 2007)

So wurde der Deutsche Khaled El Masri im Januar 2004 verschleppt: Seine mazedonischen Bewacher führten ihn in einen Raum. Männer mit schwarzen Gesichtsmasken schnitten ihm die Kleidung auf, er wurde nackt fotografiert. Dann legten sie ihm eine Art Windel an, steckten ihn in einen Trainingsanzug und stülpten ihm einen Sack über den Kopf. An Händen und Füßen gefesselt, wurde er in ein Flugzeug gebracht, mit einer Spritze ruhig gestellt. Was ihm vorgeworfen wird, wohin er ausgeflogen würde, was ihn erwartete – er wusste es nicht (Bartelt, 2006).

Nach mehreren Wochen Verhören war der Familienvater von Mazedonien an die CIA überstellt und vier Monate in Afghanistan festgehalten worden, bevor man ihn freiließ.

Der in Syrien geborene Kanadier Maher Arar wurde am 26.09.2002 in New York verhaftet, um von dort aus – ohne Möglichkeit einen Rechtsanwalt zu sprechen – nach Syrien verbracht. Er wurde dort zehn Monate festgehalten, misshandelt und zur Unterzeichnung eines falschen Geständnisses gezwungen. In keinem der beiden Länder wurde gegen ihn Anklage erhoben. Im Nachhinein hatte sich herausgestellt, dass Arar aufgrund eines Fehlers der Royal Canadian Mounted Police auf einer schwarzen Liste von Terrorverdächtigen auftauchte. (Steiger, 2007)

Und heute?

Abu Ghraib und Guantánamo sind Synonyme für eine neue Eiszeit der Menschenrechte (Prantl, 2011), ohne noch ein Quäntchen an Würde.

22. Januar 2009: Nach seiner Wahl ordnet Präsident Obama die Schließung des Lagers »binnen eines Jahres« an.

August 2014: Guantánamo besteht nach wie vor, Mitte Juli 2014 sitzen nach wie vor 149 Männer dort ein.

Jahr für Jahr veröffentlichen die USA ihren Bericht zur Lage der Menschenrechte und prangern darin schwerwiegende Menschenrechtsverletzungen auf der ganzen Welt an (Kunzmann 2014). So wird beispielsweise ein Kopftuchverbot thematisiert. Offenbar sorgt man sich um den Umgang mit Muslimen in Deutschland.

Auf die USA bezieht sich der Bericht nicht. (Ende der Ausführungen Lewitzkis.)

Doppelzüngigkeit

Die arabische Welt war über nahezu zwei Jahrhunderte einer Christianisierungswelle ausgesetzt, die viel mit Doppelzüngigkeit einherging. Auf der einen Seite wurde Demut verbunden mit Armut gepredigt, auf der anderen Seite präsentierte sich ein Reichtum von kaum glaublicher Größe. In der FAZ vom 27. April 2014 war zu lesen, dass die 85 reichsten Männer der Welt, meistens US-Amerikaner, soviel Geld und Besitztum besäßen wie die 3.5 Milliarden Menschen am unteren Ende des Einkommens.

Die mit dieser Situation verbundene Doppelzüngigkeit im Auftreten, also christliche Demut und gepredigte Armut einerseits und der alles niederwalzende Wirtschaftskapitalismus andererseits, hat Wahrnehmungskonflikte und soziale Spannungen in dramatischem Ausmaß hervorgerufen, die ebenfalls konfliktbefeuernd sind.

Es entstand und entsteht eine der Wirklichkeit nicht entsprechende Sprachsituation, die der in den 70er Jahren an der innerdeutschen Grenze zwischen BR und DDR entsprach. Die DDR sprach von der Friedensgrenze – hat aber gleichzeitig unbewaffnete Flüchtlinge aus ihrem Gebiet abgeschossen wie die Karnickel bei der Treibjagd, wie der damalige ARD-Korrespondent bei der Regierung der DDR in einem vielbeachteten Interview beschrieben hatte. Eine massive Diskrepanz zwischen vollmundigem hohem Anspruch zu der gelebten Wirklichkeit war nicht zu übersehen. Der Korrespondent wurde daraufhin von der DDR zur unerwünschten Person erklärt und des Landes verwiesen.

Diese Doppelzüngigkeit im Verhalten in vielen Teilen der westlichen Welt wird zum einen in der Art des Vertretens und Verkündens der Zehn Gebote auch durch seine stärksten Exponenten wie USA und England offenbar, zum anderen durch die offensichtliche Änderung unserer christlichen Grundwerte durch eine rücksichtslose, alles bestimmende Geschäftspolitik bei unserem Auftreten gegenüber der islamischen Welt.

Verlust der Scham

Eine bemerkenswerte »Veröffentlichung« zu dieser Situation, die das Auftreten des Westens im Orient gut beschreibt, erschien in einem SWR 2 Essay am 8.April 2013 um 22.03 Uhr von Andrea Köhler mit dem Titel »Die Scham – Eine Spurensuche«. Die hier aufgeführten Gedanken sind zum Teil der schriftlichen Version des im SWR 2 gesendeten Textes entnommen. Der Bezug ist die Scham über die vom Westen eingeforderten hohen moralischen Werte verglichen mit einem praktizierten gierig-aggressiven Wirtschaftskapitalismus. Köhler zitiert den schweizer-amerikanischen Psychoanalytiker Leon Wurmser, der »Schamlosigkeit sieht, die sich mit geborgter Stärke tarnt bei einem fundamentalen Wertemangel, der sich sowohl individuell als auch gesellschaftlich ausprägen kann. Die Kultur der Schamlosigkeit ist eine Kultur der Respektlosigkeit, der Ehrfurchtslosigkeit, des Verwerfens und Entwertens von Idealen« (Wurmser 1997), die sich auch in unserem Auftreten in der islamischen Welt zeigt.

Die abgewerteten oder eliminierten Werte, so Wurmser, würden ersetzt durch narzistische Diktate wie Machtstreben, Ehrgeiz, Opportunismus und Ressentiment – was Aristoteles »banausia« genannt hat – die Unempfindlichkeit gegenüber ästhetischen Werten, die zu dieser emotionalen Verarmung gehört. »Der schamlose Mensch ist der, der das eigene grandiose Ich zum allgemeinen Maßstab wählt und durch das Zur-Schau-Tragen eines kalten Zynismus jedes Schamgefühl durch Verachtung nach außen abwehrt.« – »Schamlosigkeit ist ein Armutszeugnis der Seele.« (Köhler 2013)

Andrea Köhler fährt in ihren Ausführungen fort: »Glaubt man dem Philosophen Peter Sloterdijk, dann hat es in keiner historischen Formation ein so hohes Maß an gier- und neidgesteuerter Konkurrenz gegeben wie im Zeitalter des entfalteten Massenkonsums. Im Laufe der Jahrhunderte sei es zu einer einzigartigen Verschiebung im Moralsystem gekommen, in dem die alttestamentarischen Gebote in ihr Gegenteil verkehrt wurden. Aus dem zehnten Gebot – Du sollst nicht begehren deines Nächsten Hab und Gut – sei ein Imperativ mit umgekehrten Vorzeichen geworden, ein durch die Massenmedien und allem voran die Werbung propagiertes Motto der Gegenwart.«

Um damit anzufangen, hat sich »das frühe 20. Jahrhundert vor allem zuerst dadurch ausgezeichnet, dass es das 5. Gebot kaltblütig außer Kraft gesetzt hat: Du sollst nicht töten. Faschismus und Kommunismus haben gemeinsam, dass sie im Namen einer besseren Zukunft für Rassen- oder Klassenkollektive Großtötungs-Lizenzen in Anspruch nahmen.

Würdige Nachfolger sind die heutigen Massenvernichtungswaffen.

Die aktuellsten Versuche aber im zu Ende gehenden 20. Jahrhundert, sich von den Zehn Geboten zu emanzipieren, beziehen sich auf die Eifersuchtsverbote, die fünf Mal wiederholt werden: Du sollst dich nicht lassen gelüsten nach dem, was dein Nachbar hat, nach seiner Frau, seinem Besitz, seinem Ochsen und Esel und nach allem, was dein Nächster hat. Heute heißt die Regel umgekehrt: Du sollst begehren, was andere schon haben, und falls legale Wege nicht zum Ziel führen, dann sollst du stehlen.«

»Aus dem Eifersuchts-Verbot des Dekalogs wurde so das zeitgenössische Konkurrenzprinzip, welches die Einflüsterungen des Konsums noch um das Gebot des Prahlens erweitert: Du sollst nicht nur das begehren, was dein Nachbar hat, sondern ihn auch auf alles neidisch machen, was du besitzt und dich auszeichnet. Diskretion – in der bürgerlichen Gesellschaft eine den Neid in Schach haltende psychohygienische Maßnahme – ist dem Siegeszug des Exhibitionismus gewichen. Zeig, was du hast, damit andere grün vor Neid werden, lautet das Gebot der Stunde.«

Weiter werden, um ins Detail zu gehen, Beispiele von Frau Köhler aufgeführt: »Stühle im Wert von 87.000 Dollar, Gardinen für den Preis von 28.000 Dollar, ein 13.000-Dollar-Kristall-Lüster, ein »coffee table« für 16.000 Dollar und eine antike Kommode für 35.000 Dollar – das sind nur einige Posten auf der Rechnung einer rund eine Million Dollar umfassenden Büro-Renovierung, die die Citi Group für ihren Vorstandsvorsitzenden (CEO) John Thain ausgab, just nachdem die von der Pleite bedrohte Bank vom Steuerzahler mit Milliarden Summen rausgepaukt worden war. Verglichen mit dem 50-Millionen-Luxus-Corporate Jet, den die Firma mit Kissen aus Hermes-Schals und Baccarat-Kristall-Gläsern für den Drink unterwegs ausstattete, um damit für weitere Verhandlungen in Washington einzufliegen, handelte es sich bei Thains Büromöblierung (im Banker-Jargon gesprochen) um peanuts.« Frau Köhler führt ihre Ausführungen mit einem weiteren Beispiel fort: »Auch der amerikanische Versicherungsgigant AIG, der 2008 durch den Staat mit der größten finanziellen Unterstützung, die je in der Geschichte der Vereinigten Staaten für ein privates Unternehmen aufgebracht wurde, gerettet werden musste, ließ sich nicht lumpen und lud seine Führungsriege erst mal zu einem Luxus-Wochenende an der kalifornischen Küste ein, wo die Herrschaften sich bei Thai-Massagen und Champagner-Banketten von den Strapazen des von ihnen mitverursachten Ruins der Firma (aber auch der Depression der Wirtschaft der westlichen Welt) erholen durften. 440.000 Dollar kostete der

Spaß. Drei Tage später hielt die AIG-Führungsriege in Washington schon wieder die Hand auf.«

»Was man gemeinhin den Zeitgeist nennt, ist ohne den Vormarsch des Geldgeistes nicht zu begreifen. Der Kapitalismus in seiner inzwischen weitgehend globalisierten Prägung, für den Fortschritt, Expansion und Wachstum unhintergehbare Vorgaben geworden sind, sieht die Vergangenheit nur noch als etwas, das es zu überwinden gilt.« In diesem Kontext ist auch das augenblickliche Geschehen in den asiatischen und auch islamischen Ländern zu sehen, in denen die Bewohner für einen Dollar pro Tag zum Beispiel im Textilbereich für westliche Großkonzerne arbeiten, und das unter extrem arbeitsgefährlichen Bedingungen. Im Mai 2013 stürzte in Bangladesch ein marodes Fabrikgebäude ein. Resultat: über 1.000 Tote. Generell sind die Arbeitsbedingungen für Arbeiter, die für westliche Konzerne arbeiten, überwiegend nur als kriminell zu bezeichnen, was allgemein, aber auch der islamischen Elite bekannt ist.

Diese geballten sozialen Probleme sind der jahrhundertelangen Infiltration einer versuchten Christianisierung in den islamischen Ländern hinzuzufügen, inbegriffen der den Bewohnern damit vor Augen geführten offensichtlichen Doppelzüngigkeit. Diese in sich extrem widersprüchliche Situation ist ein Teil des ständig erlebten Alltags und eine wahrscheinliche Quelle für Auflehnung und ideologischen Hass, der den USA-Al-Kaida Konflikt füttert.

Nicht ohne Grund wurde am 11. September 2001 das Welthandelszentrum mit gleich zwei Flugzeugen angegriffen. Es ging nicht darum ein Gebäude oder viele Menschen zu töten, sondern es war das Ziel den ideologischen Haupttempel des Kapitalismus zu treffen. Offensichtlich das Objekt, bei dem die Islamisten bzw. Al-Kaida wahrnehmen, dass es ihre islamische Welt am stärksten bedroht.

In unseren Medien wird im übrigen unterstellt, dass das Datum (amerikanisch ausgesprochen »nine eleven«) mit Sorgfalt ausgewählt ist, denn 911 ist die auf dem ganzen nordamerikanischen Kontinent gültige Rufnummer für Notfall und Unfallhilfe, also ein Hilferuf. Im Bild 10 ist eine Grenztafel zu sehen, die die Grenze des 911- Hilferufgebietes anzeigt, da im arktischem Gebiet nördlich davon praktisch keine Menschen mehr siedeln. Dazu aber mehr im nachfolgenden Kapitel VII.

Abgesehen von dieser geschichtlich bedingten zwiespältigen Situation kommt die schamlose Protzigkeit der Zur-Schau-Stellung des kapitalistischen Alltags in den islamischen Ländern hinzu, so dass die Jugend in nichtchristlichen Welten zu einer antiwestlichen Haltung motiviert werden könnte und auch wird!

Hinzu kommt noch ein wesentlicher Unterschied im Selbstverständnis der zwei Kulturen, also der westlichen und der arabischen Kultur– wenn man bei letzterer in eigentlich unstatthafter Weise eine Vielfalt nicht westlicher Kulturen zusammenfassen will.

In diesen Diskussionskreis gehört noch ein anderes Problem: Das Klagen unserer Politiker in Deutschland, aber auch das des Generalbundesanwalts, dass zunehmend junge Leute aus Deutschland nach Syrien oder in andere islamische Länder reisen, um an den dortigen Glaubenskämpfen mit der Waffe teilzunehmen. Besorgniserregend ist, dass sie zum Beispiel Mitglieder der Isis-Gruppierung werden, also in die Kämpfe mit eingreifen. Eine weitere Sorge besteht dann, wenn sie wieder zurück nach Deutschland kommen. Die Deutsche Bundesanwaltschaft fürchtet, dass sie hier Attentate als Terroristen begehen könnten. Die Politiker und die Bundesanwaltschaft begreifen diese Rückkehrer als eine terroristische Bedrohung, die es zu bekämpfen gilt.

Der eigentliche Grund der Misere wird allerdings unter-

Bild 10: Nördliche arktische Grenze des 911 Gebietes, innerhalb dessen ein Hilferuf möglich ist

drückt: Das ist die völlige Fragmentierung und Pervertierung unseres Wertesystems in Deutschland.

Wobei in weiten Kreisen die US-amerikanischen Werte unreflektiert als Vorbild genommen und auf uns übertragen werden, so brüchig diese auch sein mögen.

Wenn wir nicht endlich den Mut haben einen eigenen Weg zu gehen, werden wir – unter anderem – das Problem der möglicherweise zurückkehrenden Terroristen auch bei uns nicht lösen.

VII
Zur Problematik der Terrorismusdefinition

Der Schlagwortcharakter

Die Politik und die Öffentlichkeit sind sehr schnell bereit, bei einem widerwärtigen oder brutalen Vorkommnis von einer terroristischen Tat zu sprechen und bei den zugehörigen Tätern von Terroristen. Unausgesprochen und undefiniert wird mit dieser Zuordnung beschuldigend verbunden, dass unabhängig von der wirklichen Schwere und Art der Tat diese besonders schrecklich, widerwärtig oder gravierend sei. Sozusagen eine besondere Art der psychologischen Steigerung mit: schlecht, schlechter, sehr schlecht, terroristisch. Besonders bei den Tätern versucht man auf diese Art und Weise eine Vorverurteilung auszusprechen. Damit erhofft man bei der Verfolgung der Täter eine Legitimierung ungewöhnlicher, ja sogar gesetzlich nicht legitimierter Verfolgungs- und Bekämpfungspraktiken zu ermöglichen und sie auch durchzusetzen.

Ein Beispiel für eine den bisherigen gesetzlichen, aber auch ethischen Rahmen sprengende Antiterrorismuspolitik ist in den USA mit den Praktiken und den zusätzlichen neuen Gesetzen, die sich mit dem Namen Guantanamo verbinden, zu sehen (siehe Kapitel VI). Im Gegensatz zur Ansicht der offiziösen amerikanischen Politik, dass diese Politik erfolgreich sei und damit die terroristische Gefahr verringert habe, wird unter Terrorismuswissenschaftlern diese Politik als das erfolgreichste Terrorismusförderungsprogramm, was je aufgelegt wurde, angesehen. Dieser Sachverhalt wird in einem späteren Abschnitt nochmals angesprochen werden.

Das schlichte und oft mehr zutreffende Wort »Verbrechen«, vielleicht auch »Kapitalverbrechen« als Bezeichnung für das zur Diskussion stehende Geschehen

– was oft inhaltlich und sachlich zutrifft – wird vermieden, um dem Ganzen eine höhere Bedeutsamkeit oder politische Weihe zu geben. Der Begriff »terroristische Tat« liefert den Vorwand für aufwendigere Bekämpfung oder schlicht und ergreifend eine bessere mediale Verkaufbarkeit. Als Beispiel kann der Vorgang um den NSU (Nationalsozialistischer Untergrund) dienen, bei dem die klassische Terrorismusstruktur nicht so ohne weiteres naheliegend ist. In der medialen Öffentlichkeit wird hier aber oft von Terrorismus geredet. Zusätzlich ist es weit verbreitet, dass die Gegner totalitärer Regime üblicherweise als Terroristen beschimpft werden. Die Auseinandersetzungen in Syrien, der Ukraine oder Ägypten sind Beispiele dafür, je nachdem von welcher parteilichen Seite das betrachtet wird.

Was ist Terrorismus?

Trotz des nahezu beliebig eingesetzten Terrorismusbegriffs ist in der Sicherheitswissenschaft durchaus eine belastbare Definition entwickelt worden. Sie hat sich auch allgemein in der seriösen politischen und wissenschaftlichen Diskussion durchgesetzt. Gleichfalls wurde definiert, welche Begleiterscheinungen üblicherweise mit dem Vorgang des Terrorismus verbunden sind. Das wird in Kürze hier skizziert:

Terrorismus ist eine Art gesellschaftspolitischer Auseinandersetzung – wie viele andere Arten auch – zwischen zwei oder mehreren politischen Lagern, um die Herrschaft in Verbindung mit kontroversen sozialen, politischen, religiösen oder ökonomischen Problemen. Üblicherweise – in normalen politischen Situationen, beispielsweise in einer Parteienlandschaft – haben die antagonistischen Lager oder Gruppen in Bezug auf die Mitglieder, Mitläufer und finanzielle oder wirtschaftliche Möglichkeiten ähnliche oder vergleichbare Strukturen.

Charakteristisch für terroristische Konflikte ist hingegen zumindest zu Beginn der Auseinandersetzung der überwältigende, krasse Unterschied in der Stärke der Gruppen. Unter Stärke ist sowohl die Zahl der Mitglieder als auch die der finanziellen Möglichkeiten gemeint. Schwache Gruppen können zumindest zu Anfang oft nur aus einigen Dutzend Personen bestehen, die sich gegen den Staat, Staatenbund, eine Organisation oder generell eine sozialpolitische Situation auflehnen. Auffallend ist, dass in der Vielzahl der Fälle diese Kleingruppen in der Mehrheit aus Intellektuellen bestehen oder aus einer höheren sozialen Schicht stammen. Bei diesem krass unterschiedlichen Stärkeverhältnis hat die kleine Gruppierung praktisch keine Überlebenschancen. Deshalb muss sie alles daran setzen ihre Winzigkeit, ihre krasse Unterlegenheit zu mildern und aufzubessern. Das kann mit normalen Methoden politischer Auseinandersetzung, zum Beispiel durch Botschaften an die und über die Medien, nicht gelingen.

Medien, gerade in heutiger Zeit, berichten fast ausschließlich über das, was im Trend ist, in Schlagzeilen und verkürzt, aber nicht über das, was medial noch nicht »reif« geworden ist. Dazu ist die Medienkonzentration zu hoch und der Zwang zu hoher Auflage und niedrigem, verständlichen Niveau zu groß. Es gibt kaum noch Medien, die über Sachverhalte »in statu nascendi« berichten können oder wollen. Dazu haben viele Medien oft auch nicht die Fachleute. Es ist also nahezu unmöglich bei dieser Sachlage, dass viele Außenstehende von der machtpolitisch unterlegenen Gruppe oder über die Gruppe hören.

Aber dieses »gehört werden« ist überlebensnotwendig. Es ist geradezu ein Kuriosum der sozialpolitischen Entwicklung, dass noch nie in der Geschichte ein derartig intensiver Strom von Nachrichten auf die Öffentlichkeit hernieder regnete; mit einem Minimum an verschiedenartigen Neuigkeiten. Alle Medien wollen die vermutete Hauptnachricht an den Mann bringen und produzieren dabei einen wenig differenzierten Informationsbrei.

Also müssen von der Gruppe Ereignisse produziert werden, die dieser Realität Rechnung tragen. Sie müssen so bemerkenswert, bizarr, spektakulär, grausam oder ungewöhnlich sein, dass die Medien fast nicht anders können als sie zu publizieren – oder sie in totalitären Staaten durch Mund- und Flüsterpropaganda weiter zu verbreiten.

Die Brutalität, auch von Anfangsattentaten, ist auch eine Konsequenz unserer pervertierten Medienstruktur von Schlagzeilengiganten. In früheren Zeiten gab es viele kleine Verlage oder Postillen, die über Lokales, aber auch Anfangsentwicklungen berichteten. Um diesen verbauten Weg zur Öffentlichkeit zu überbrücken, sind die ersten Schritte medienwirksame Attentate (passend zur politischen Intention), und sie müssen natürlich ein »attraktives« Ziel haben. Man kann mit Recht feststellen, dass die Brutalität von Attentaten zu einem erheblichen Anteil der gegenwärtigen Medienstruktur zu verdanken ist und ihrem Hang zur finanziellen und globalen Verflechtung.

Ein »einfacher« Mord am Bodensee interessiert nicht die Leser in Berlin, New York und schon gar nicht in Sydney. Der Mord mit abgetrennten Gliedmaßen am lebenden Körper schon eher. Als weitere Randbedingung bei diesen Attentaten kommt hinzu, dass sie unerwartet sein müssen, so dass die Öffentlichkeit, die Politik und besonders die Gegner sich nicht darauf einstellen können. Dieses Attentat kann einen Gegner, einen gegnerischen Mitläufer oder unbeteiligte Personen treffen. Der entscheidende Punkt ist, dass die Medien ausführlich darüber berichten, am besten detailliert über die Grausamkeiten, so dass die vorherrschende Politik gezwungen ist möglichst hart zu reagieren, um zu zeigen, dass sie immer noch Herr der Lage ist. Die wahrscheinlich harte Reaktion der herrschenden Politikkaste wird mit großer Wahrscheinlichkeit Unbeteiligte treffen und auch töten, da die Attentäter üblicherweise als Person und damit als Ziel nicht bekannt sind, sondern nur als anonyme Kampfgruppe. Dadurch, dass durch Überreaktion staatlicher Gewalt Unbeteiligte getötet werden, eventuell Verdächtige in Massen inhaftiert oder zu Foltergefängnissen verschleppt werden, erhalten Terroristen Zulauf und verstärken sich. Es beginnt ein gegenseitiges Aufschaukeln der Gewalt. In der nächsten Runde wird ein noch brutaleres Attentat durchgeführt mit entsprechender Reaktion des Staates und möglicherweise einem anonymen Bekennerschreiben der Gruppe, die der Öffentlichkeit deutlich macht, welche Gruppierung sich verstärken will.

Die terroristische Spirale und der Nutzen einer inhaltlichen Klassifizierung

Waldmann hat diesen immer wieder durchlaufenen zyklischen Vorgang die terroristische Spirale genannt (Waldmann 1998).

In Bild 11 sind die wesentlichen Schritte des Interaktionssystems des Terrorismus als Schema skizziert, wobei die römischen Ziffern im Text sich auf die einzelnen Phasen im Diagramm beziehen.

Am Anfang steht die Absicht einer Gruppe (I) die gesellschaftlichen Verhältnisse zu ändern. Dafür mag es soziale, politische oder religiöse Gründe geben, entsprechend werden die terroristischen Konflikte sozial, ethisch oder religiös genannt. Hinzu kommen in diesem Klassifizierungsschema noch vigilantistische (d.h. Selbstjustiz-) Konflikte, die der Bewahrung bröckelnder staatlicher Verhältnisse dienen (Gleichberechtigung Dunkelhäutiger in den USA, Apartheid in Südafrika). Eine Eskalation der Konfliktsituation führt üblicherweise dazu, dass die

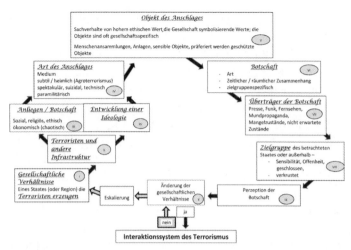

Bild 11: Die Phasen der terroristischen Spirale (Hartwig 2013)

Sympathisanten und Mitläufer zu Terroristen werden. Die weitere Entwicklung hängt dann davon ab, welche Infrastruktur die Terroristen besitzen (II). Dabei spielt die Geldbeschaffung eine wichtige, bei guter Infrastruktur und Unterstützung aus Teilen der Bevölkerung eine eher geringe Rolle. Die RAF hatte beispielsweise keine solche Unterstützung durch die Bevölkerung und ersetzte das durch Banküberfälle.

Sind die sozialen, ethischen, religiösen oder ökonomischen Probleme durch zufälligen äußeren Zwang hinreichend gravierend geworden, werden die Terroristen durch Anschläge versuchen ihre Operationsbasis zu verbreitern. Ist die Lage in Bezug auf die Konfliktsituation aus Sicht der Terroristen noch unklar oder unübersichtlich, werden sie versuchen, als gemeinsamen Überbau – und auch um Außenstehende zu überzeugen – eine Programmatik zu entwickeln, die oft wichtigen ideologischen Strömungen angepasst wird. Sie soll den Eindruck erwecken, dass hier der Vollzug einer geschichtlich unausweichlichen Entwicklung stattfindet. Die Terroristen sitzen sozusagen im Zug der Zeit (III) und es sind nicht eigennützige Triebkräfte, die die Hauptrolle spielen. Dieser verspätete Schritt einer Ideologieentwicklung war bei der Entstehung der RAF deutlich zu sehen. Am Anfang war deren Zielvorstellung recht chaotisch.

Nach dieser ideologischen Konsolidierung beginnt die Phase der Anschläge (IV). Es wurde weiter oben schon beschrieben, welche Anforderungen sich hier stellen, wobei eben das Spektakuläre die Hauptrolle spielt, um Medienwirksamkeit und Schrecken zu verbreiten. In den meisten Fällen ist deutlich zu erkennen, dass die Anschlagsobjekte ausgesucht werden, die für die Gegenpartei (z.B. den Staat) den höchsten repräsentativen Wert haben, wie exponierte Politiker und Wirtschaftskapitäne (H. M. Schleyer, A. Herrhausen) oder Gebäude (Welthandelszentrum, Pentagon) (V), damit dadurch die größte öffentliche Aufmerksamkeit erreicht und gleichzeitig die Art der Botschaft an die Herrschenden deutlich wird. In dieser Hinsicht ist das Attentat als Kommunikationsform zu sehen und nicht als kriegsgleiches Menschenmorden. Üblicherweise ist die Botschaft im Zusammenhang mit der zeitlichen Entwicklung zu begreifen, aber auch in ihrem räumlichen Zusammenhang mit den Zielen (VI). Bei der Verbreitung der Botschaft durch die Medien ist für die Terroristen nicht nur der Inhalt wichtig, sondern auch die emotionale Komponente der medialen Nachricht. Nur so ist eine Enthauptung vor laufenden Kameras zu interpretieren, wie geschehen (VII).

Die terroristische Spirale hängt in ihrer Wirksamkeit von den Medien ab. Für die Terroristen wäre es eine Katastrophe, würden die Medien ihren einkalkulierten Dienst versagen. Die terroristische Bewegung würde letztendlich kollabieren. Die Zielgruppe des Attentats ist oft nicht identisch mit der Gruppe der Entscheidungsträger, die auf die terroristische Forderung reagieren soll oder kann. Ein terroristischer Anschlag in Madrid am 11.

März 2004 betraf zwar auch spanische Probleme, war aber durchaus im Kontext des US-Al-Kaida Konfliktes zu sehen, obwohl eine mehr internationale Organisation für die Urheberschaft verantwortlich gemacht wurde. Im Grunde genommen war der Adressat die Regierung in Washington (VIII). Je nachdem, wie die Botschaft perzipiert wird, wird es zu einer Annäherung oder gesteigerter Aggression kommen. Die Spirale kann dann ein weiteres Mal durchlaufen werden.

Nochmals ist zu betonen, dass diese terroristische Spirale von Gewalt und Gegengewalt nur über die Medien und deren Weitertragen der Botschaft funktioniert. Das ist auch einer der Gründe, warum die Attentate immer bizarrer und größer werden, da bei der Struktur unserer elektronischen und Print-Medien diese gar nicht umhin können, über die sensationellen Attentate zu berichten, einschließlich des weiter oben erwähnten Enthauptens.

Um die Situation und Umstände terroristischer Attentate deutlich werden zu lassen, werden im nächsten Abschnitt drei Beispiele diskutiert und erläutert.

Attentate als Botschaft: Drei Beispiele

Betrachtet werden:
1. Das Attentat vom 15. Juni 1996 in Manchester
2. Das Attentat vom 24. Juli 2001 in Colombo
3. Das Attentat vom 11. September 2001 in New York

1. Beispiel:

Das Attentat 1996 in Manchester wurde als eines von nahezu 17.000 Bombenanschlägen der IRA (Irisch Republikanische Armee) außerhalb Nordirlands verübt. Für eine nicht vorbelastete Diskussion – und um das Phänomen des Terrorismus zu verstehen – ist festzuhalten, dass das Attentat im Zentrum des gegnerischen Landes passierte, dass es 212 Verletzte gab und dass ein ganzes Innenstadtviertel zerstört wurde. Der damalige

Schaden wurde von Versicherungen auf 700 Millionen £ (heutiger Wert eine Milliarde £ (britisch) geschätzt. Der Wiederaufbau dauerte im Groben bis 1999, im Detail bis 2005. Eine Stunde vor der Explosion wurde die Stadtpolizei durch einen Anruf gewarnt, dass in einer Stunde 1500 kg Sentex-Sprengstoff explodieren würde, worauf die Innenstadt von der Polizei evakuiert wurde. Die Explosion war die größte in Friedenszeiten in England. Die IRA bedauerte in einem öffentlichen Schreiben, dass es Verletzte gegeben habe, denn das sei nicht beabsichtigt gewesen. In Bild 8 in Kapitel VI war eine Übersicht über die Schadensausmaße im IRA-England Konflikt zu sehen.

Für den generellen Aspekt der Terrorismusdiskussion sind als hinweisende Fakten festzuhalten:

Das Attentat geschah nicht in Irland, sondern im Wirtschaftszentrum des Gegners. Es sollte damit zeigen, dass England verletzlich und für die IRA erreichbar ist. Also eine massive Botschaft an die Briten. Die Bevölkerung wurde gewarnt, die IRA wollte also keine Todesopfer – eine Botschaft, dass sie mindestens ethische Standards einhalten wollte. Außerdem sollte gezeigt werden, dass die IRA in der Lage ist, großskalige Attentate zu verüben. Die Täter wurden nie gefasst, die IRA hatte offensichtlich eine geschlossene, kaum zu durchdringende Struktur.

Insgesamt ist dieses Ereignis als massive Botschaft anzusehen, also eine Form der Kommunikation, da offensichtlich andere Formen der Kommunikation, die das Tor zu einer politischen Lösung hätte öffnen können, hauptsächlich von der englischen Seite ignoriert wurden. Die englische Regierung und die Bevölkerung waren taub gegenüber dem Anliegen der IRA. Mit solch einem Attentat wollte die IRA offensichtlich gewaltsam die Funkstille zwischen England und IRA durchbrechen und gab das auch deutlich zu erkennen.

2. Beispiel:

Wie sieht die Situation beim terroristischen Anschlag am 24. Juli 2001 auf dem Flughafen von Colombo, der Hauptstadt Sri Lankas, aus? Es wurden 26 Flugzeuge beschädigt, fünf Regierungssoldaten und acht Attentäter getötet, die sich zum Teil selbst in die Luft sprengten.

Dieses Datum ist angewandte Geschichte, denn der 24. Juli ist der Jahrestag, an dem zum gleichen Datum 1983 – also acht Jahre vorher – bei einer Demonstration und Ausschreitungen 400 Tamilen getötet wurden, also Angehörige der Volksgruppe der Terroristen. Diese hatten wiederum tags zuvor dreizehn Polizisten der Singalesen durch einen Bombenanschlag getötet. Die Tamilen wollten einen unabhängigen Staat im Norden und Osten des Landes.

Das Ziel des Anschlages 2001 war mit Bedacht gewählt. Der Flughafen ist der einzige internationale Flughafen des Landes und gleichzeitig Militärflughafen. Die Tamilen, die die »Liberation Tigers of Tamil Eelam« (LTTE) gegründet hatten, konnten sich gegen die staatliche Luftwaffe nicht wehren und zerstörten deshalb acht Militärflugzeuge. Sie wollten aber nicht nur das Militär treffen, sondern gleichzeitig die Haupteinnahmequelle des Staates, den Tourismus, also die Wirtschaft. Der Schaden des Anschlages betrug 350 Mill. US-Dollar und der Tourismus ging nachfolgend um 15% zurück. Die Daten weisen den Anschlag als Mittel zur Kommunikation aus. Die Tamilen wollten erreichen, dass man mit ihnen spricht, also verhandelt.

3. Beispiel:

Über den Anschlag vom 11. September 2001 gibt es nahezu unbegrenzte Literatur. 19 Terroristen, die zu Al-Kaida gehörten, entführten vier Flugzeuge. Zwei wurden in die WTC-Türme in New York gesteuert und brachten sie letztendlich zum Einsturz, eines auf das Pentagon (Arlington) in Virginia und das vierte stürzte nahe Shanksville in Pensylvania ab, nachdem es wohl Kämpfe im Flugzeug zwischen Passagieren und Terroristen gegeben hatte. Von den 17.400 Personen des WTC konnten sich 15.100 retten. Im Pentagon wurden ca. 60 Personen getötet plus die Personen im Flugzeug. Die Amerikaner reagierten unreflektiert als Großmacht.

Als Folge des Anschlages führten die USA Kriege in Afghanistan um die Taliban zu bekämpfen, die sie mit Al-Kaida in Verbindung brachten, und 2003 den Irakkrieg. Von beiden Kriegen kann gesagt werden, dass sie nicht zum Ziel führten – im Gegenteil, sie führten bis heute (Anfang 2014) zu einer massiven Destabilisierung der Länder. Bis heute werden beide Länder von Attentaten und Anschlägen von verschiedenen religiösen und völkischen Gruppen geschüttelt. Als Quelle von Attentätern sind beide Länder nach wie vor gut. Eine Befriedung ist nicht in Sicht.

Darüber hinaus waren und sind die Änderungen im Inneren der USA als Folge des Anschlags vom 11. September 2001 gravierend. Die Rasterfahndung ohne richterliche Anordnung wurde erlaubt. Am 26. Oktober 2001 wurde der »USA Patriot Act« in Kraft gesetzt, der weitgehende Eingriffe in die Bürgerrechte ohne richterliche Anordnung ermöglichte, zum Beispiel Telefonüberwachungen, auch sonstige Überwachung, Ausspionieren von E-mails, Informationen über Bürger bei Versicherungen, Banken, Arbeitgebern. Bis 2003 wurden über 5000 Ausländer verhaftet, davon 531 ausgewiesen, keiner der Verhafteten wurde angeklagt. Bush brach gesetzliche Auflagen, um dem Kongress nicht Auskunft geben zu müssen. Es wurde das Heimatministerium gegründet mit 170.000 Beschäftigten, und 263 neue Sicherheitsbehörden wurden etabliert.

Jetzt befassen sich 1.200 staatliche Organisationen und 1.931 Privatfirmen mit der Terrorismusbekämpfung.

Die USA, das Land der Freiheit und der Menschenrechte, entwickelte totalitäre Züge und Hysterie – zumindest die Politiker. Dazu im Kapitel IX mehr.

Erneut ist offensichtlich, dass es beim Attentat nicht um Töten und Sachschaden ging, um auf diese Weise den Gegner zu schwächen – dazu hat für solch einen Anschlag Al-Kaida nicht die Kraft – sondern erneut um die Botschaft, denn offensichtlich sehen beide Parteien den jeweils anderen als Sohn des Teufels an: die USA die Mitglieder von Al-Kaida und deren Unterstützer und die Anhänger von Al-Kaida die USA als Land des Bösen. Geredet wurde nicht miteinander.

Die Botschaft des Anschlags ist deutlich. Das WHZ (WTC) als Zentrum der amerikanischen und kapitalistischen Wirtschaft und das Pentagon, das Zentrum der Militärmacht, sollten getroffen werden. Damit die Amerikaner hinhören, musste man nach Meinung von Al-Kaida so zentrale Ziele wählen. Außerdem wird die Symbolik des 11. September diskutiert, da dieses Datum in amerikanischer Sprechweise »nine eleven« heißt – die generelle Rufnummer für eine Notsituation in Nordamerika (USA plus Kanada). In Bild 10 (Kapitel VI) ist eine Tafel des Grenzbereichs des 911-Gebietes zur Arktis zu sehen. Dieser Anschlag wird als »Notruf« in Bezug auf die Beziehung zwischen islamischer und westlicher Welt aufgefasst.

Erneut ein Anschlag als Kommunikationsform an den Gegner, da die wirklichen Gesprächskanäle gegenseitig völlig abgestorben waren beziehungsweise überhaupt nicht existierten. Ich bin sicher, dass bei Al-Kaida niemand daran glaubt die USA mit Anschlägen wie 9/11 in die Knie zu zwingen. Auf der anderen Seite ist offensichtlich, dass deren Vorgehen etwas bezweckt. Was ist also das Ziel? Beim Beispiel der IRA waren offensichtlich bessere Lebensbedingungen für die Iren in der Nordprovinz »Ulster« zu erreichen. Beim Beispiel des Anschlags der Tamilen vom 24. Juli 2001 war das Ziel ein eigener Staat. Der Hintergrund für 9/11 ist sehr komplex. Über diese Situation wird noch zu reden sein. Sicherlich spielte die jahrzehntelange supressive Behandlung der islamischen Welt durch den Westen eine bedeutende Rolle. Ganz sicher sind die Attentäter nicht nur bösartige Killer. Sie bringen sich »nicht einfach so« um! Sie wollten ein Ziel erreichen in Bezug auf die Konditionen ihres eigenen Lebens und offensichtlich stehen die USA aus der Sicht der Attentäter dem entgegen.

Reaktionen der USA

Die Folgen der amerikanischen Politik, die von den US-Amerikanern im eigenen Land, aber auch sonst in Gang gesetzt worden ist, zeitigten erstaunliche Ergebnisse. Die Amerikaner haben mit der Art ihrer zusätzlichen Grenzkontrollen für ausländische Besucher und die Art und Weise, wie sie diese behandelt haben, erreicht, dass pro Jahr sechs Millionen, also 1/3 weniger Besucher in die USA gekommen sind. Das ist ein immenser wirtschaftlicher Schaden. Für den inneramerikanischen Flugverkehr wurde eine Liste der potentiell terroristisch Verdächtigen vom CIA aufgestellt, der zu Anfang ca. ½ Million Personen angehörten – zum Beispiel eine so verdächtige Person wie Edward Kennedy, der Bruder des ermordeten amerikanischen Präsidenten. Die Menschenrechte für die eigenen amerikanischen Bürger wurden erheblich eingeschränkt. Warum? Was ist die treibende Kraft dahinter?

Die »American Civil Liberties Union« (ACLU) sagt, dass auf der Beobachtungsliste (watch list) für Amerikaner bei Flügen, aber auch sonst, eine Million Namen stehen. In Bezug auf Flüge ist die Transport Security Administration (TSA) die entscheidende Behörde, während das US Federal Bureau of Investigation (FBI) generell für alle Aktivitäten zuständig ist. Das FBI ist auch zuständig, dass die Liste Namen kleiner Kinder enthält (sehr gefährlich?), Mitglieder des Kongresses, eine Vielzahl von David Nelsons, oder wie gesagt von E. Kennedy, ehemaliger Senator von Massachusetts, der nicht fliegen konnte, weil er verdächtig war (Charkey, 2008).

Eine Hysterie von Verdächtigungen und Pseudoaktivitäten überschwemmten die USA und tun es auch heute noch. 2013 und 2014 beschäftigten sich die deutschen Medien mit dem Ausspähen Deutschlands im großen Stil durch die amerikanische NSA (National Security Administration). In der ersten Juni-Woche 2013 erfuhr man, dass sämtliche inneramerikanischen Briefe gescannt und Aufgabe- und Bestimmungsort notiert wurden – alles mit Hilfe der amerikanischen Post. Wenn man über Schäden reden will, so nicht über die der Anschläge, sondern eher über das Ausmaß der Folgen in Bezug auf die eigene Reaktion. Ein Land entwickelt so eine Art Bunkermentalität, die sich nicht mehr nach der Wirklichkeit richtet, sondern von eigenen Ängsten, manchmal ganz anderen Ursprungs, aber auch Partikulärinteressen von Untergruppen der Gesellschaft, zum Beispiel dem Militär, angetrieben wird. Die Lösung des ursprünglichen Konfliktes wird von der ersten Stelle der Prioritätenliste verdrängt und Eigeninteressen von Gruppen gewinnen die Oberhand. 3.000 Tote (WTC) ist natürlich eine entsetzliche Zahl, aber ist es angemessen dafür partiell die Demokratie zu opfern? 3.000 Tote dürfte die Zahl der Verkehrstoten in den USA in ein bis zwei Monaten sein. In New York passieren zwölf Morde am Tag, also 3.000 bis 4.000 pro Jahr. Wo ist die Verhältnismäßigkeit? Gibt es andere, verdeckte Interessen außer der Terrorismusbekämpfung? Wir müssen über diese Situation in späteren Kapiteln reden.

Eine ähnliche Entwicklung ist im Augenblick auch in Deutschland zu sehen, bei Terroristenprozessen oder beim Entdecken »Verdächtiger«, wo der Aufwand in keinem Verhältnis mehr zum Risiko – verglichen mit andern Gefährdungen und Risiken – steht. Man denke zum Beispiel an die ca. 40.000 nosokomialen Toten in unseren Krankenhäusern, die sich oft durch einfache Hygienevorkehrungen (wesentlich weniger kostenintensiv als Terroristenprozesse) verringern ließen.

Terroristenprozesse bringen offensichtlich Schattenseiten in uns ans Tageslicht, die mit dem Anlass wenig zu tun haben. Terroristenprozesse werden zu negativen Traumhochzeiten der Boulevardpresse und einer sonst versagenden Politik. Eine verantwortliche Politik muss sich diesem Problem stellen und sich nicht den politischen oder medialen Erregungs-Strömungen hingeben. Die angerichteten Schäden durch die Terrorismushysterie stehen bei uns in keinem Verhältnis zu politischen Schäden, Einschränkungen unserer Freiheit oder Beschädigung unserer Demokratie noch im Verhältnis zur Aufmerksamkeit gegenüber anderen Risiken in unserer Gesellschaft.

Soweit die Beispiele zur Erläuterung der Funktion von terroristischen Attentaten innerhalb der terroristischen Spirale.

Hat eine Terroristengruppe mit ihren Anschlägen Erfolg, ist die Staatsgewalt herausgefordert, so kommt es zu einem langen, zähen und grausamen Kampf.

Die Terroristen sind sich dieser funktionellen Zusammenhänge voll bewusst. Deshalb sind nachfolgend zwei Pamphlete aufgeführt, die nach Waldmann zitiert sind, und zwar das der RAF und das einer israelischen Terrorgruppe in ihrem Kampf gegen die englische Völkerbundsmandatsverwaltung aus dem Jahre 1943:

»Das ist die dialektik der strategie des antiimperialistischen kampfes: dass durch die … reaktion des systems, die eskalation der konterrevolution, die umwandlung des politischen ausnahmezustandes in den militärischen ausnahmezustand der feind sich kenntlich macht, … und so, durch seinen eigenen terror, die massen gegen sich aufbringt, die widersprüche verschärft, den revolutionären kampf zwingend macht.« (Text der RAF, 1979; zitiert nach Waldmann)

»Es gab eine Zeit, da wurde die Frage des Terror heiß im Land der Revolutionen, in Russland, debattiert … Die Periode dieser Debatten gehört seit langem der Vergangenheit an … Ein Streitpunkt kann nur aus der falschen Fragestellung entstehen. Wenn die Frage lautet: ist es möglich, eine Revolution auszulösen, indem man das Mittel des Terrors einsetzt? dann ist die Antwort: Nein! Wenn die Frage lautet: Tragen diese Aktionen dazu bei, die Revolution und Befreiung näher zu bringen, dann ist die Antwort: Ja! …

Erstens ist Terror für uns ein Teil unserer gegenwärtigen politischen Kriegsführung und spielt eine sehr große Rolle. In einer Sprache, die über die ganze Welt hinweg gehört werden wird, sogar von unseren elenden Brüdern jenseits dieser Landesgrenzen, ist er ein Beweis unseres Kampfes gegen den Besetzer … Er zielt nicht auf Personen, sondern auf Vertreter und ist deshalb effektiv. Und wenn er zudem die Bevölkerung aus ihrer Selbstzufriedenheit aufrüttelt, umso besser. Nur so, und aus keinem anderen Grund wird die Befreiungsschlacht beginnen.« (Text aus: Der Freiheitskämpfer, 1943, zitiert nach Waldmann)

Ich glaube, es ist deutlich geworden, dass ein grausames Attentat nicht notwendigerweise terroristischen Ursprungs sein muss. Zerstörung allein ist nicht terroristisch – üblicherweise ist es kriminell oder ein Verbrechen, und das sollte auch ganz klar so bezeichnet werden. Mit einem terroristischem Attentat ist immer die zeitliche Konfliktentwicklung verbunden mit ganz eindeutigen Kommunikationskanälen, so bizarr diese auch sein mögen. Da terroristische Konflikte sich immer in der Öffentlichkeit abspielen müssen, gibt es eindeutige Anzeichen der Kommunikation. Fehlen diese, so liegen kriminelle Akte vor, wie beispielsweise bei der NSU.

In Bezug auf die NSU und ihre Bezeichnung als Terroristengruppe ist einfach festzuhalten, dass hier Charakteristika, wie sie in Bild 11 aufgezeichnet sind, fehlen. Zumindest die politischen Parteien und die Justiz beziehungsweise die Staatsanwaltschaft sollten sich an das halten, was offensichtlich ist. Hier liegen kriminelle Akte vor, aber kein terroristischer Konflikt.

Um es nochmals ganz deutlich werden zu lassen, was das Ziel der Sicherheitswissenschaft ist oder das Ziel einer vernünftigen sicherheitstechnischen Politik sein sollte. Das sind nicht die Fokussierung auf Attentate und das Verhindern von Attentaten. Sondern es ist das Ändern von kausal zugrundeliegenden Sachverhalten und das Verhindern einer zugehörigen gesellschaftspolitischen Strömung, für die die Attentate nur die äußeren Zeichen, die Warnzeichen sind. Es nützt überhaupt nichts den Sprengstoff für ein Attentat abzufangen, damit das Attentat nicht stattfindet. Es ist unsere Aufgabe, den Grund und die Ursache für die attentatserzeugende Auseinandersetzung zu erkennen, für die wir dann Lösungen finden müssen, so dass der erste Schritt in der terroristischen Spirale obsolet wird! Wir werden im Nachfolgenden leider lernen müssen, dass die westliche Politik versucht hat Attentate zu verhindern und auf diese Weise immer mehr Öl in den zugrunde liegenden Konflikt gegossen hat.

Seit dem Jahre 2001 ist durch das Verkennen dieser Aufgabe durch eine unselige Politik ein großartiges Terroristenförderungsprogramm entstanden, für das wir noch teuer werden bezahlen müssen.

VIII
Zwei strukturelle Grundformen
terroristischer Konflikte

Im letzten Kapitel wurde auf die vier verschiedenartigen Gruppen von Inhalten terroristischer Konflikte hingewiesen. So interessant diese Einordnungen auf Inhalte hin auch sein mögen, lässt sich daraus wenig über die Erfolgsaussichten der terroristischen Bewegung vorhersagen. Allerdings lassen sich über diese vier inhaltlichen Kategorisierungen hinaus zwei andere große Gruppierungen von Konflikten erkennen. Bei der einen bildet sich aus einer »ad hoc«-Situation, weitgehend unabhängig von der Vergangenheit, eine spezielle Konstellation heraus. Eine Gruppe von Menschen meint, so könne es nicht weitergehen.

Die Geburtssituation und die empfundene Bedrängnis dieser terroristischen Gruppierung, die die Beteiligten zum Handeln drängt, ist aus der jeweiligen Jetztzeit entstanden, mit wenig oder gar keinem geschichtlichen Hintergrund. Falls doch, dann ist er aus der sehr nahen Vergangenheit gespeist. Weil die Zahl der sich betroffen Fühlenden meist klein ist, greifen sie zu terroristischen Mitteln. Man spricht hier von »ad hoc«-Konflikten.

Bei der anderen Gruppe, die die größere Zahl terroristischer Konflikte beinhaltet, hatten diese eine jahrzehnte- oder sogar jahrhundertelange Vorgeschichte, oft ethischen oder religiösen Ursprungs. Auch ethnische Gründe können eine Rolle spielen. Diese Art von Konflikt wurde in seiner ursprünglichen Entstehungsphase Jahrzehnte oder Jahrhunderte vorher aus opportunistischen Gründen oder wegen der herrschenden Machtverhältnisse unterdrückt. Die Wahrscheinlichkeit ist groß, dass ein solcher Konflikt bei gegebenem Anlass erneut ausbricht. Das kann auch passieren, wenn die Machtverhältnisse weiterhin ungünstig sind. Entweder ist dann der Leidensdruck der Bevölkerung zu groß geworden, oder »Hilfe« kommt von außen. Wird der erneute Versuch von ungünstigen Machtverhältnissen wieder vereitelt, so ist trotzdem die Wahrscheinlichkeit groß, dass bei günstigerer Konstellation erneut ein Versuch gewagt wird. Solche Konflikte werden als »schlafende Konflikte« bezeichnet. Ein wesentliches Merkmal solcher Konflikte ist, dass durch die Dauer der Einwirkungszeit ein größerer Anteil der Bevölkerung in Bezug auf den Konflikt problembewußter geworden ist. Bei einem Ausbruch des Konflikts werden deshalb größere Teile der Bevölkerung involviert sein. Damit ist auch die Wahrscheinlichkeit für Solidarisierungseffekte mit den Terroristen größer. Ein wesentlicher Unterschied bei einem »schlafenden Konflikt«, verglichen mit einem »ad hoc«-Konflikt ist, dass es in der Bevölkerung nicht verarbeitete Traumata geben kann, die durch auslösende Ereignisse wieder virulent werden. Heutzutage wissen wir zum Beispiel aus den beiden Weltkriegen oder dem Vietnam Krieg, dass Traumata zur nächsten oder weiter nachfolgenden Generationen übertragen werden können. In der Geschichte sind Traumata bekannt, die sich über Jahrhunderte erhalten haben.

Terroristische »ad hoc«-Konflikte haben eine deutlich geringere Erfolgschance, verglichen mit bis dahin »schlafenden Konflikten«.

Für beide Arten von Konflikten wird im Nachfolgenden je ein Beispiel dargestellt und diskutiert. Zuerst der RAF-Konflikt und anschließend der IRA-England-Konflikt. (Die zwei Arten erfordern verschiedene Vorgehensweisen bei der Konfliktbewältigung, die am Anfang des Konfliktes erkannt werden müssen, um eine Lösung erreichen zu können.) Auch wenn terroristische Konflikte durch das Kennzeichen des Terrorismus viele Gemeinsamkeiten haben, ergeben sich durch die verschiedene Tiefe der geschichtlichen Tradierung massiv unterschiedliche Vorgehensweisen.

In etwas verkürzter Formulierung besteht bei ad hoc-Konflikten die Hauptaufgabe darin, das von den Terroristen definierte Problem in positiver oder negativer Weise zu lösen. Im Unterschied dazu ist bei revitalisierten schlafenden Konflikten zu sehen, dass es bei der involvierten Bevölkerung ein großes Reservoir von halb bewussten sowie mythischen, aber auch psychologischen Verhaltensweisen gibt, die mit vordergründigen Lösungsstrategien und Sachentscheidungen nicht zu bewältigen sind.

Hier gehört dazu, dass über die Zeit ein Bewusstseinswandel – übrigens bei beiden Konfliktparteien – herbeigeführt werden muss, damit sich überhaupt ein Lösungsansatz entwickeln kann. Der Hass und die Emotionalisierung sind oft zu tief in die Verhaltensweisen eingegraben, um offen einen Lösungsansatz, der dann gemeinsam getragen werden muss angehen zu können. Das war und ist für uns in Europa ganz deutlich beim

ETA-Konflikt zu sehen, aber auch im IRA-Konflikt in Nordirland zwischen England und dem katholischen Teil der dortigen irischen Bevölkerung.

Als Prototyp eines ad hoc-Konfliktes wird nachfolgend der Baader/Meinhof – auch RAF-Konflikt genannt – betrachtet.

Der Baader/Meinhof-Konflikt

In Bezug auf die Ausgangssituationen dieses terroristischen Konfliktes hat H. Sontheimer treffend im Jahre 2010 formuliert: »Es gibt nach wie vor keinen Konsens darüber, warum 25 Jahre nach dem Untergang des faschistischen Regimes eine Gruppe gebildeter junger Menschen den demokratischen Staat (die Bundesrepublik Deutschland) zum faschistischen Monstrum erklärt haben und ihn mit Gewalt zu beseitigen versuchten.«

Die Überzeugungen dieser terroristischen Gruppe speisten sich aus einem verschieden gefärbten Ideenkomplex, der sich aus der Situation in der Bundesrepublik in den 60er Jahren, wenn nicht erklären, so doch teilweise verstehen lässt. Nach der Zeit des Aufbaus, der Überwindung der gröbsten Folgen des Krieges, der Zerstörung, der Vertreibung, der Konfrontation mit den Verbrechen im Krieg wuchs in Deutschland eine Generation heran, die das wirkliche oder vermutete Verhalten der Eltern in der Zeit des Dritten Reiches kritisch hinterfragte und es teilweise nicht verstand.

Sie fragten und urteilten oft von ihren Eltern entfremdet. Sie lebten in einer relativ »heilen« Welt und urteilten über die Großeltern- und Elterngeneration in Unkenntnis der herrschenden Gefährdungen. Diese waren nicht nur die Todesdrohung, die Situation eines total geführten Krieges, sondern auch die Angst um das Leben der Kinder. Zusätzlich waren sie einem heftigen psychischen Druck ausgesetzt, da sie ohne Nachrichten über das wirkliche Kriegsgeschehen waren. Für die in den 60er Jahren heranwachsende Generation war es somit leichter, eine kritische Position zu entwickeln, ohne ein Leben in Hunger, Gewalt und Armut zu erleiden, wie ihre Eltern.

Die USA waren im Weltbild dieser jungen Generation einerseits mehr als präsent positiv im Sinne von Wohlstand und Freiheit, negativ in der noch nicht in der Realität überwundenen Rassentrennung in den USA und den zunehmenden Exzessen des Vietnamkrieges. Viele amerikanische Studenten opponierten und versuchten sich der Wehrpflicht zu entziehen, auch durch Flucht in europäische Länder. In den großen Universitäten des westlichen Teils von Europa kam es zu antiamerikanischen Demonstrationen, was auch einen Gärkessel für viele revolutionäre Gefühle abgab.

Gegen die als vorherrschend empfundene konservative Politik in Deutschland bildete sich eine außerparlamentarische Opposition, die 1969 zerfiel. Einige moderate Anhänger gingen zur SPD, einige schlossen sich den sogenannten K-Gruppen an und einige tauchten in den Untergrund ab.

In dieser Situation war der Besuch des persischen Schahs in Deutschland, in Berlin von besonderer Bedeutung. Es kam zu heftigen Demonstrationen gegen den Schah und sein Regime. Es ist unklar, welche Zuordnungen die treibenden Kräfte bei den Demonstranten gegen den Schah und sein Regime machten. Es ist aber sehr wahrscheinlich, dass den Studenten bewusst war, dass das Schah-Regime durch den CIA etabliert und das demokratisch gewählte Mossadegh-Regime gewaltsam gestürzt worden war, wie bei der Diskussion über die Ursachen des USA-Al Kaida-Konfliktes in Kapitel VI beschrieben wurde. Das Schah-Regime war eine amerikanische Marionette. Wahrscheinlich ist aber auch, dass dieses Regime durch die enge Bindung an die USA und in Verbindung mit dem US-geführten Vietnamkrieg bei den Studenten stark diskreditiert war. Durch die Ermordung des Studenten Benno Ohnesorg bei einer Antischah-Demonstration durch einen Westberliner Polizisten trat eine starke Emotionalisierung und Radikalisierung unzufriedener junger Leute ein.

Heute wissen wir, was damals nicht bekannt war, dass die Ermordung des Studenten mit größter Wahrscheinlichkeit eine gewollte Provokation durch das DDR-Regime war, die auf diese Weise die Bundesrepublik destabilisieren wollte. Der mordende westliche Polizist namens Kuraz war Sondermitglied der SED und Agent der Staatssicherheit der DDR. Dieser Mord hatte durchaus zur Radikalisierung der Studenten und auch der späteren Mitglieder der Baader-Meinhof-Gruppe beigetragen.

Die Gruppenbildung

Die Baader-Meinhof-Gruppe, die spätere RAF, wusste immer noch nicht, wofür sie eigentlich war, aber sie wusste definitiv wogegen. In ihrer »geschwollenen Ausdrucksweise« ging es um den Kampf gegen den faschistischen Imperialismus. Um den Anschein der Menschlichkeit zu wahren, war zu Anfang bei der RAF nur von Gewalt gegen Sachen die Rede. Und hier genauer von Brandstiftung in zwei Kaufhäusern. Die Tat war so dilettantisch ausgeführt, dass die Brandstifter schon zwei Tage später im Gefängnis saßen.

Der Anschlag geschah am 2. April 1968. Am 14. Mai 1970 wurde Baader, der sich unter Bewachung eines Polizisten in einer Bibliothek aufhielt (der des deutschen Zentralinstitutes für soziale Fragen) von Ulrike Meinhof und Begleitern befreit, wobei es einen Schwerverletzten gab. Damit gehörte das erste und ursprüngliche ideologische Ziel der Gruppe »Gewalt nur gegen Sachen« der Vergangenheit an.

Die Umstände diktierten der RAF von da an im Wesentlichen immer öfter ihre Verhaltensweise. Sie bestand in vielen Fällen aus Überfällen, um sich Geld zu beschaffen, und aus Anschlägen, um im Gefängnis einsitzende Mitgenossen freizupressen. Erst am 5. Juni 1970 erschien in »Agit 883« die erste programmatische Erklärung der RAF: »Die Rote Armee aufbauen«. Agit 883 war ursprünglich eine anarchistische Zeitschrift der Studenten und der linken Szene in Westberlin zugeneigt, die von Februar 1969 über drei Jahre erschien. Der ursprüngliche Titel der Zeitschrift war » Agit 883 5651 Uhland 52« was der Telefonnummer der Redaktion und der Adresse in Wilmersdorf entsprach. Das wurde auf Agit 883 verkürzt. Das Heft mit der o.g. Erklärung der RAF vom 5. Juni 70 wurde von der »Bundesstelle für jugendgefährdende Medien« auf den Index gesetzt. Der zuständige Redakteur tauchte nach der Indizierung unter.

Es wirft ein bezeichnendes Licht auf die Gesamtsituation, dass erst zwei Jahre nach dem ersten öffentlichen Auftreten der RAF (Brandanschläge in den Kaufhäusern) erklärt wird, welche Richtung mit welchen Zielen angesteuert werden soll.

Es wird in der Literatur bei der RAF über drei beziehungsweise manchmal vier Generationen gesprochen. In Tabelle 2 sind einige Daten und Anschläge zur RAF aufgeführt. Charakteristisch für diese Situation ist bis heute, dass in der Vielzahl der Fälle, also bei den Attentaten, die handelnden Personen und die Zuordnung zur direkten Tat nicht bekannt geworden sind. Die RAF war weitgehend nicht durch verdeckte Agenten zu unterwandern.

Gegenüber anderen terroristischen Gruppen, die bis dahin bekannt geworden sind, ist auffällig, dass einmal die Mitglieder der Gruppe gleichermaßen männlich und weiblich waren, also nicht überwiegend männlich, wie in vielen anderen terroristischen Gruppen üblich. Sie entstammten in der Vielzahl der Fälle gutbürgerlichen Familien. Außerdem waren die Mitglieder sehr jung, verglichen mit anderen terroristischen Gruppen. Damit ist

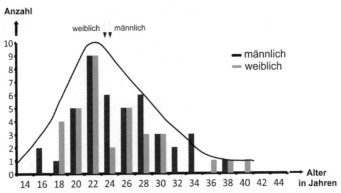

Bild 12: Altersverteilung der RAF-Terroristen zum Zeitpunkt des Beginns ihrer Aktivität. Aufgeteilt nach männlichen/weiblichen Mitgliedern

Tabelle 2: Anschläge und einige Daten zum Wirken der RAF. (nach Sontheimer 2010/ Winkler 2010)

1. Generation

- 02.04.1968 2 Brandanschläge auf Kaufhäuser
- 14.05.1970 Befreiung von Baader durch Meinhof (1 Schwerverletzter)
- 29.09.1970 3 Banküberfälle in Berlin
- 11.05.1972 Terrace Club in IG-Farbenhaus Frankfurt/Main (1 Toter, 13 Verletzte)

2. Generation

- 27.02.1975 Peter Lorenz, Spitzenkandidat der CDU Berlin entführt; fordern Freilassung von Becker, Köcher-Tiedemann, Siepmann, Heißler, Pohle; BDR geht darauf ein
- 24.04.1975 Geiselnahme in der dt. Botschaft Stockholm durch 6 Terroristen, 2 Diplomaten erschossen, versehentlich Explosion einer Bombe, Geisel entfliehen, Terroristen verhaftet
- 07.04.1977 Generalbundesanwalt Siegfried Buback und 2 Mitglieder erschossen
- 30.07.1977 Vorstandssprecher der Dresdner Bank, Jürgen Ponto ermordet
- 25.08.1977 Anschlag auf Bundesanwaltschaft scheitert
- 05.09.1977 Präsidetn des Bundesarbeitgeberverbandes Hans Martin Schleyer wird entführt, 4 Begleiter erschossen. Freilassung von RAF-Mitgliedern gefordert, was die Bundesregierung ablehnte.   Deshalb ->
- 13.10.1977 Entführung der Lufthansamaschine Landshut mit 87 Personen. Am 18.10. von der GSG befreit. Baader, Enslin, Raspe begehen Selbstmord
- 25.06.1979 Anschlag auf Nato-Oberbefehlshaber Alexander Haig Nähe Brüssel; Wagen zerstört, Fahrer und Haig überleben.

Die zweite Generation erhielt Hilfe von der DDR, sie nahm 10 Terroristen auf.

3. Generation

Viele Mitglieder der dritten Generation sind nicht bekannt. RAF war auch innerhalb der radikalen Linken isoliert.

- 01.02.1985 Ernst Zimmermann, Chef von MTU in seinem Haus erschossen
- 08.08.1985 US-Soldat Edward Bimental erschossen und Identification Card geraubt
- 09.08.1985 Sprengstoffanschlag auf dem Rhein-Main-Air-Base, 2 Tote, 11 Verletzte
- 09.07.1986 Karl-Heinz Beckurst, Siemens Manager und Chaffeur durch Bombenanschlag getötet
- 10.10.1986 Diplomat Gerold von Braunmühl vor seinem Wohnsitz erschossen
- 30.11.1989 Chef der Deutschen Bank, Alfred Herrenhausen. In Bad Homburg durch Bombe getötet
- 01.04.1991 Karsten Rohwedder, Chef der Treuhand ermordet
- 27.03.1993 Sprengstoffanschlag auf JVA Weilerstadt; Schaden 100 Mio. DM; wurde erst 1997 in Betrieb genommen
- 20.04.1998 RAF-Schreiben über Selbstauflösung

gemeint: jung zum ersten Zeitpunkt ihrer terroristischen Aktivitäten.

Bild 12 gibt einen Überblick über das Alter der Terroristen und die geschlechtliche Zuordnung. Rückblickend ist es wahrscheinlich, dass diese Altersstruktur für das letztendliche Scheitern der Gruppe von erheblicher Bedeutung war. Die nicht vorhandene Anbindung zumindest an eine Gruppe der Bevölkerung spielte eben-

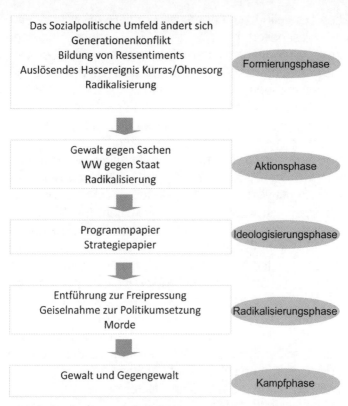

Bild 13: Entwicklung der RAF Terroristengruppe

falls eine Rolle. Die RAF hat nicht verstanden, dass die Wahrnehmung ihrer Aktivitäten durch die Öffentlichkeit sehr wichtig für ihre eigene Existenz war. Es liegt nahe, dass hier die Jugendlichkeit der RAF-Mitglieder von ursächlicher Bedeutung ist.

Bild 13 gibt einen Überblick über die Phasen des terroristischen Konfliktes, wie sie sich auch generell bei den meisten Konflikten erkennen lassen.

Die zwei oder drei wichtigsten Sachverhalte einer jeden Phase des RAF-Konfliktes sind in Tabelle 2 aufgeführt.

Der ganze RAF-Konflikt ist hier sehr holzschnittartig zusammen gefasst. Trotzdem lässt sich aus dieser gro-

ben Darstellung erkennen, warum die RAF wahrscheinlich gescheitert ist. Da die RAF-Gründungsmitglieder
jung waren, fehlte ihnen die Verwurzelung, aber vermutlich auch das Verständnis für die Befindlichkeit und
Hauptströmung der Sozialisation der bestimmenden
Bevölkerungsschichten. Die Erschöpfungen aus dem
Erlebten und den noch nicht verarbeiteten Folgen des
II.Weltkrieges waren in der Bevölkerung noch zu präsent, um Verständnis für die Forderungen der RAF aufkommen zu lassen. Hinzu kommt, dass nach Äußerungen der Mitglieder der RAF zu urteilen nicht klar war, was
sie eigentlich wirklich erreichen wollten. Ein Grund für
das Versagen ist das Fehlen einer stärkeren Anbindung
an die unteren sozialen Schichten der Bevölkerung, die
sie zu vertreten meinten. Hinzu kommt das fehlende Verständnis für die wirklichen Probleme dieser Schicht. Das
ist nicht nur sozialpolitisch zu sehen, sondern auch an
der Altersstruktur zu erkennen.

Da sich die Tätigkeit der Gruppe in der letzten Phase
der Auseinandersetzung auf undifferenzierte Anschläge
zu konzentrieren schien, wandten sich auch linke Gruppierungen und gutwillig Eingestellte von der RAF ab.

Die generelle Lehre, die daraus zu ziehen ist, zeigt,
dass es nicht ausreicht eine Gruppe zu bilden, die
wild entschlossen ist zu handeln und die auch einen
Ideenhintergrund und eine Ideologie mit – wenn auch
verschwommenen – Inhalten hat und einen zu allem
entschlossenen Führungskader. Diese Gruppe kann
aufgerieben und durch Materialschlachten verschlissen
werden, wenn nicht ständig neue Ideen, Geld, Kampfes-
mut und Unterstützung aus der Bevölkerung nachwachsen. Eine Taktik, die darauf aus ist, die Köpfe zu eliminieren und die Kraft der Gruppe zu verschleißen, kann in
diesem Fall Erfolg haben. Einer Gruppe wie der RAF fehlt
die Voraussetzung wie ein Fisch im tiefen Wasser, unter
seinesgleichen, zu schwimmen.

Solch eine Terroristengruppe kann zusammengefasst nicht überleben, weil eine Reihe von Voraussetzung fehlen wie:

· eine starke Verbindung zur Bevölkerung, in der sie verwurzelt ist,
· eine weitverzweigte Organisation,
· ein Glaubensziel, das von einem bedeutenden Teil der Bevölkerung geteilt wird,
· eine geschichtliche Anbindung und
· eine nachwachsende effektive Kampftruppe, die zeigt, wie ein »erfolgreicher« und gefährlicher Terrorismus ablaufen soll.

Als Fazit ist festzuhalten, dass ad hoc-Gruppen dieser Art eine geringe Überlebenschance haben.

Der IRA-England-Konflikt:

Vorgeschichte
Dieser Konflikt ist der klassische Fall eines lange Zeit schlafenden terroristischen Konfliktes mit einer langen Vorgeschichte, die ursächlich für den terroristischen Konflikt zwischen der IRA und England ist. Der Konflikt und die Art des Ablaufes ist ohne die Vorgeschichte nicht zu verstehen und paradigmatisch für einen »schlafenden Konflikt«.

Ca. 350 v.Ch. kamen gälische Kelten nach Irland, die im 5. Jh. n.Ch. von einem Mönch namens Patrick christianisiert wurden. Um die Herkunft dieser Person Patrick gibt es mehrere Legenden, von denen eine aussagt, dass er ursprünglich Patricius hieß und Sohn eines römischen Offiziers Capanius war, der in der Provinz Britannia stationiert war. Außerdem war der Offizier Diakon einer Kirche, wodurch Patricius im kirchlichen Glauben erzogen wurde und eine hohe Bildung genoss. Er wurde, so die Legende, von Sklavenhändlern in die heutige Provinz Ulster gebracht.

Nach einer anderen Version, einer walisisch-irischen Legende, wurde er als Heide in Wales geboren, nach Irland als Sklave verschleppt und floh später in ein Kloster nach Auxerre, Frankreich, wo er zum Priester ausgebildet wurde. Später kam er nach Irland. Hier begann er seine Missionstätigkeit. Er gründete Klöster, Schulen und Kirchen in ganz Irland, starb am 17. März 461.

Patrick soll Tausende zum christlichen Glauben bekehrt haben, was neben der Vermittlung religiösen Gedankengutes mit erheblichem generellen Bildungsgewinn verknüpft war. Als Konsequenz dieser Bildung wurden Geschichte und Geschichten nicht nur mündlich überliefert, sondern auch schriftlich weitergegeben, was ein tragendes Fundament für ein religiöses und geschichtliches Bewusstsein für sehr viele Bewohner lieferte. Religion, Bildung und Bewusstsein der eigenen Identität erzeugte eine starke Überlebenstradition, die außerdem Zeit zum Wachsen hatte.

Im 12. Jhd., durch irische innere Streitigkeiten begünstigt, wurden die Normannen überredet in Irland einzugreifen, die durch Militärtechnik, aber auch durch die irischen Streitigkeiten einen leichten Sieg errangen, was weitere Normannen verlockte, nach Irland zu kommen. Im Jahre 1171 erklärte sich Heinrich II., Herrscher über England und Teile Frankreichs, zum König von Irland. Aufgrund ihrer geringen Zahl übernahmen die Normannen weitgehend die Kultur der ursprünglichen Kelten, sie assimilierten sich.

Im 15. Jhd. konsolidierte sich die Macht der Normannen in Irland, was durch den hundertjährigen Krieg zwischen England und Frankreich ermöglicht wurde. Durch diese Konsolidierung fühlte sich England bedrängt, was zur Folge hatte, dass Irland 1541 direkt der englischen Krone unterstellt wurde. Der englische König regierte in Personalunion das neugeschaffene Königreich Irland. Die Konsequenzen für Irland waren schwerwiegend und drastisch. Sämtliche Kirchengüter Irlands wurden beschlagnahmt, die Anglikanische Staatskirche gegründet und übergestülpt, verbunden mit einer massiven Änderung der Sozialstruktur, geändertem Erbrecht, der Reformation sowie der Einführung eines neuen Gebetsbuches. Als Abwehrmaßnahme durch die Iren wurde die »Confederation of Kilkenny« gegründet. Als Gegenantwort kam es zu einer englischen Militärdiktatur (Oliver Cromwell), was unter anderem dazu führte, dass drei Viertel des Grundbesitzes protestantischen Engländern, Schotten und katholischen »Alt-Engländern« übereignet wurde.

1801 wurde durch den »Act of Union« Irland an Großbritannien angeschlossen und entsprechend das »Vereinigte Königreich von Großbritannien und Irland« gegründet.

Da nach der damaligen englischen Definition Katholiken illoyal waren, wurden sie vom gesellschaftlichen Leben ausgeschlossen. Katholiken konnten nur Landarbeiter sein, durften kein Landbesitz haben, außerdem keine Waffen besitzen, kein Wahlrecht ausüben, kein Farmland bestellen und ein öffentliches Amt nur bei anglikanischem Glauben bekleiden. Die Anglikaner dagegen wurden zur wohlhabenden und notabene zur unterdrückenden Oberschicht.

Kartoffelmissernten lösten eine große Hungersnot aus (Great Famine), so dass zwischen 1846 und 1849 viele Menschen starben oder auswanderten. Die Bevölkerung verringerte sich von 8,5 Millionen auf 6 Millionen Einwohner. Die britische Regierung leistete keinerlei Hilfe, was unter anderem dazu führte, dass in der zweiten Hälfte des 19.Jahrhunderts eine irische Unabhängigkeitsbewegung gegründet wurde und erstarkte. Die britische Regierung setzte 1843 bei Clontarf Truppen und Artillerie ein, um Aufstände niederzuschlagen.

Schritte zur Unabhängigkeit

Im Mai 1914 verabschiedete das britische Parlament die »Home Rule Bill«, wodurch Irland eine eigene Verfassung und Selbstverwaltung erhalten sollte. Eine 1913 versuchte Regelung wurde aufgrund von Protesten des nordirischen (anglikanischen) Ulster verhindert. Ein fehlgeschlagener Aufstand der Iren zu Ostern 1916 löste für einige Jahre einen Guerillakrieg aus. Zusätzlich kam es in Irland selbst zu einem Bürgerkrieg zwischen der regulären irischen Armee und den republikanischen Rebellen, der erst 1926 sein Ende fand.

Der Krieg der IRA, die praktisch in die Bedeutungslosigkeit nach dem Zweiten Weltkrieg abgeglitten war, flammte erneut auf, als sich zeigte, dass die katholische Bevölkerung in Nordirland praktisch in einen rechtlosen Status abgeglitten war.

Für den nun einsetzenden terroristischen Konflikt in und über Ulster (Nordirland) gab es vier treibende Komponenten:

Es hatte sich durch die geschichtliche Entwicklung während der letzten hunderte von Jahren eine »Melange« entwickelt, die hinreichend gut für die Entwicklung einer hochexplosiven Situation war. Die Komponenten dieser Entwicklung waren machtpolitisch gesehen einmal der Expansionsdrang Englands zu einem »vereinigten« Königreich, dem das irische Beharren auf einen eigenen Staat, begründet durch eine zweieinhalbtausendjährige Geschichte und eigene Kultur, gegenüberstand.

Die Situation war weiterhin geprägt durch eine tief wurzelnde anderthalbtausendjährige Geschichte des römisch-katholischen Glaubens, geprägt nicht nur durch verbale »Glaubensüberlieferung und Praxis«, sondern auch durch literarische Überlieferung, Gründung und Festigung einer Tradition und Gottesverständnis. Gerade dieser sehr handfeste Überlieferungsmechanismus spielte eine wichtige Rolle. Er war im Sinne des Wortes

»handgreiflich« und auf ihn konnte immer wieder mit Gewissheit zurückgegriffen werden.

Zum dritten entstand durch die englische Expansionspolitik ein krasses soziales Reichtums- und Machtgefälle, in dem die Iren nahe oder unterhalb der Hungergrenze lebten, während die englisch-schottisch-walisisch anglikanisch geprägten Siedler Wohlstand und Macht auf sich vereinigten.

Zusätzlich wirkten die Gründung und sozialpsychologische Hintergründe der Entstehung der anglikanischen Kirche auf englischer Seite als weiterer Konflikttreibstoff.

Diese vier Gruppen von Konflikttriebkräften hatten wenig Chancen sich abzunutzen und dadurch weniger virulent zu werden, da die agierenden Konfliktparteien nichts für einen Interessensausgleich taten, sondern besonders auf der englischen Seite durch die Art des Handelns bemüht waren, die Privilegien zu stabilisieren oder auszuweiten, und so den Iren keine Möglichkeit zum Kompromiss gaben.

Irland blieb während des II. Weltkrieges neutral und sowohl Deutschland als auch Japan unterhielten dort bis zum Ende des Krieges Botschaften.

Wie stark der Hass der Iren auf die Engländer war und ist, ließ sich erkennen, als Hitler im April 1945 Selbstmord beging. Die irische Regierung kondolierte und sprach dem deutschen Volk sein Bedauern über den schweren Verlust aus.

Der Kampf um Nordirland
1948 erklärte sich der irische Freistaat zur Republik, um auch emotional vom englischen Königshaus loszukommen. Als trotzige Gegenreaktion bekräftigte das britische Unterhaus die Zugehörigkeit Nordirlands zum »Vereinigten Königreich«. Die vorher erwähnten Spannungen in Nordirland existierten weiterhin und führten zur Bildung einer nordirischen Bürgerrechtsbewegung

(NICRA: North Irish Civil Right Association), was zu Unruhen im Sommer 1964 führte, die nur durch den Einsatz der britischen Armee beendet werden konnten. Über das weitere Vorgehen der Iren gegen die Engländer kam es zur Spaltung der IRA und der Gründung der fundamentalistischen »Provisional IRA«. Die Engländer heizten den Konflikt ebenfalls an und führten die »Internierung« ohne Anklage ein, was dazu führte, dass 1971 die Provisional IRA eine Phase der »ungezügelten Eskalation« begann, was sich in der abrupt erhöhten Zahl der Bombenanschläge von ca. 200/Jahr auf 1700/Jahr zeigte, wie in Bild 8 (Kapitel VI) zu sehen ist. Die Zahl der Toten pro Jahr stieg entsprechend stark an. Als nächster Eskalationsschritt erschoss 1972 eine Einheit der britischen Armee 13 Demonstranten (Bloody Sunday), und das nordirische Provinzparlament in Stormont wurde abgeschafft. Zwar traf sich die Führung der »Provisionellen IRA« in London mit Vertretern der britischen Regierung zu Geheimgesprächen, trotzdem stieg die Zahl der Bombenanschläge 1972 zu einer bis dahin nicht gekannten Höhe an, und auch die Zahl der Toten.

Versucht man diese Entwicklung sozialpsychologisch und -politisch zu sehen, so ist zu erkennen, dass die Engländer ihren imperialen Habitus noch nicht abgelegt hatten, obwohl sie seit mehr als zwei Jahrzehnten keine Weltmacht mehr waren. England wollte mit brutaler Gewalt die Iren niederzwingen, etwa so, wie man unbotmäßige Sklaven in symbolische Ketten legt. Die Engländer waren sich auch nicht zu schade ihr eigenes Rechtssystem auszuhöhlen, indem sie die Internierung ohne ein legales Gerichtsverfahren oder eine fundierte Anklage einführten. Vielleicht ließen sich die USA nach 9/11 davon inspirieren?

Im Verlauf der Ereignisse ist ganz deutlich zu sehen, dass die Engländer sich nicht nur, sowohl juristisch als auch moralisch, ins Unrecht setzten, sondern dass sie auch völlig eindeutig ihre Kampfstärke, um den Konflikt zu gewinnen, schwächten sowie politisch international ins Hintertreffen gerieten. Die IRA bekam neue politische Freunde.

Die Engländer hatten, als einen weiteren politischen Schritt, ein neues Provinzparlament in Ulster konstituiert, was allerdings durch einen protestantischen Generalstreik wieder abgeschafft wurde.

Die IRA änderte dann ihre Taktik. 1976 wurden Gerry Adams und Martin McGuiness zu neuen Führern der Bewegung ernannt, die die neue Strategie des »langen Krieges« ausriefen. Das bedeutete eine militärische Zermürbung des Gegners – und der Bevölkerung – und eine Politisierung der Bewegung.

1981 kam es im Maze-Gefängnis zu einem Hungerstreik von IRA-Häftlingen, was zum Tode von zehn Gefangenen führte. Die Partei Sinn Fein wurde reaktiviert, und der Konflikt wurde mit Härte weitergeführt.

Libyen unterstützte die IRA und lieferte 1985/86 mehrere Tonnen Semtex-Plastiksprengstoff. Bei der Wahl 1986 erlaubte Sinn Fein seinen Kandidaten gewonnene Mandate für das irische Parlament wahrzunehmen. Im Jahre 1987 tötete ein Sprengsatz der IRA in Enniskillen in der Grafschaft Fermanagh elf Zivilisten im Gegensatz zur ursprünglichen Politik, Ziviltote zu vermeiden, um die Bevölkerung nicht gegen sich aufzubringen. Nach fünf Jahren, im Jahre 1992, griff allerdings auch bei der IRA die Erkenntnis Raum , dass es nicht möglich sei einen Sieg durch terroristische Anschläge herbeizubomben. Beide Konfliktparteien konnten sich nicht mehr der Erkenntnis verschließen, dass eine Politik des Aufeinander-Zugehens mehr Erfolg versprach, wenn nicht sogar überlebensnotwendig wurde. Das ist geradezu eine klassische Entwicklung für die Lösung einer tiefgreifenden terroristischen Auseinandersetzung, eines ursprünglich »schlafenden Konflikts«.

Ansätze zur Einigung

Es wurde ein Grundsatzpapier »Für einen dauerhaften Frieden« (Towards a Lasting Peace) formuliert und veröffentlicht, das ein Umdenken innerhalb der republikanischen Bewegung dokumentierte. Die IRA strebte damit eine einvernehmliche Lösung des Konfliktes an, was 1997 zu einer gemeinsamen Erklärung Großbritanniens und der Republik Irland führte (Downing Street Declaration).

Die IRA erklärte 1994 eine Waffenruhe, die 18 Monate hält und erneuerte 1997 diesen Waffenstillstand.

Nachfolgend begannen Mehr-Parteien-Gespräche unter Beteiligung von Sinn Fein in Belfast.

Charakteristiken des Konflikts und Lehren

Der IRA-Konflikt ist beispielhaft für die Ingredienzien einer terroristischen Auseinandersetzung, die sich auf eine zeitlich langfristige Formierung der Bevölkerung stützen kann.

Gleichgültig, ob der Anfang des Konfliktes in die vorenglische Phase gelegt oder ob die englisch-irische Phase als Ausgangssituation betrachtet wird, ist festzuhalten, dass eine tiefgreifende Prägung der Bevölkerung sowohl in sozialpsychologischer Hinsicht als auch unter religiösen Aspekten stattgefunden hat, die ohne Zweifel durch geschriebene Überlieferung (Patrick) gefestigt wurde.

Diese Art der Prägung erfolgte über Jahrhunderte und hat nicht nur das Bewusstsein, sondern auch ein tradiertes Bewusstsein geprägt. Dieses Bewusstsein zu übersehen oder zu vernachlässigen ist ein schwerer Fehler, wie die zum Teil erbarmungslose Auseinandersetzung über zwei Jahrhunderte, besonders aber die letzten 40 Jahre, und die von der IRA ausgerufene »ungezügelte Eskalation« gezeigt haben.

Vergleichsweise ist festzuhalten, dass die tradierte Geschichte des Islams länger, intensiver und mit mehr Fanatismus behaftet ist als die irische. In einen solchen Konflikt mit Arroganz und dem Bewusstsein der eigenen Überlegenheit einzutreten ist nicht nur fahrlässig, sondern dumm.

Im IRA-England-Konflikt spielte der Glauben, insbesondere der spirituelle Katholizismus, eine dominante Rolle, was dem Widerstand der militärisch und finanziell massiv unterlegenen Katholiken hohe Schubkraft gegeben hat. Im Al-Kaida-USA-Konflikt hat die spirituelle Kraft des Islams – sowohl der Schiiten als auch der Sunniten – eine sicher gleiche, wenn nicht höhere Durchsetzungskraft. Dem haben die USA beziehungsweise der Westen nichts entgegen zu setzen, außer dem Segen des Shareholder Values und der zivilen Dominanz des Geldes und des Reichtums, was offensichtlich für die Islamisten die dominierende Ideologie des Westens, aber besonders der USA in diesem Konflikt ist.

Die eben beschriebene dauerhafte Prägung und die religiöse Spiritualität sind langfristig entwickelte Einflussgrößen auf die Bevölkerung, die deren Verhalten in einer Art Grundströmung getragen hat.

Die dritte große Komponente betrifft die sozialpolitische Situation und die gewollte Verarmung der Bevölkerung in Irland bis zu einem Zustand gewollter Hungersnöte. Sie ist zwar auch hier teilweise ein Zeichen langfristig angelegter Politik, hatte aber ihre konfliktfördernde Schubkraft in und aus der gegenwärtigen Situation heraus.

Im IRA-England-Konflikt hätte für England die Möglichkeit bestanden, angesichts der offensichtlich nicht erwarteten Härte des irischen Widerstandes eine Politik des sozialpolitischen Ausgleichs zu versuchen, was möglicherweise zu einer kompromissbereiteren Haltung der Iren geführt hätte. Denn in der Gegenwart und im Augenblick sichtbarer positiver Veränderungen können solche Zeichen ein positiv überzeugendes Argument sein.

Die Engländer haben diese mangelnde Kompromissbereitschaft teuer bezahlt, wie beispielsweise der Manchester-Anschlag gezeigt hat. Jahrhundertealte, heute noch tragende geschichtliche Einflussgrößen sind kaum zu ändern, aber im Augenblick noch vorhandene Konfliktpotentiale sehr wohl.

Auch für diesen sozialpolitischen Bereich haben wir für den Al-Kaida-USA-Konflikt eine ähnliche Situation. Und auch hier unternehmen die USA alles, um den Konflikt zu verstärken, statt ihn zu mindern. Es scheint so, als ob der USA das Dilemma ihrer Situation überhaupt nicht bewusst ist, auf Grund ihrer monokausalen Nabelschau.

Das Verkennen der Art des Konflikts und die Fokussierung auf den augenblicklichen, rein militärischen Aspekt ist einer der Gründe für das erfolglose Bemühen der USA.

IX

Die Situation

Strukturierung der Konfliktfelder

Der USA-Al-Kaida-Konflikt hat mehrere Komponenten. An erster Stelle ist die direkte kriegerische militärische Auseinandersetzung zu sehen. Auf der einen Seite sind es die kriegerischen Einsätze des US-Militärs gegen Al-Kaida Ziele oder gegen solche, die sie für Al-Kaida Ziele halten. Auf der anderen Seite sind es die Attentate von Al-Kaida und im zunehmenden Maße von Schwesterorganisationen, die Al-Kaida inspiriert sind, oder das behaupten. Solche Ereignisse sind zum Beispiel die Anschlagserie in Madrid oder die Aktivitäten von Boko Haram, die von der ursprünglichen Al-Kaida Gruppe beeinflusst sind. Beides zusammen soll der Al-Kaida Komplex genannt werden. Angesprochen ist sozusagen der militärische Arm beider Kontrahenten.

Hinzu kommt an zweiter Stelle die nichtmilitärische Auseinandersetzung, die von beiden Seiten mit großer Intensität geführt wird. Auf Seiten der USA machen es sich die Konfliktstrategen einfach. Sie behaupten, dass die Al-Kaida Mitglieder keinen Kombattanten-Status haben, dass man sie unmenschlich, sozusagen wie Tiere behandeln könne und dass das auch geschieht. Die Vorgehensweise der Amerikaner erinnert an eine Ausrottungspolitik wie gegen die Indianer. Zu Beginn der Geschichte der USA wurde die Ansicht vertreten, dass Indianer keine Menschen sondern eher Tiere seien, mit denen man genauso verfahren könne wie mit Wild. Das hatte den Vorteil, ihnen alles Land und ihren Lebensraum wegnehmen zu können. Mit vermeintlichen Al-Kaida-Kombattanten und vermuteten Anhängern verfahren die USA-Soldaten ähnlich. Sie packen sie wie ein Paket ein, sie fesseln sie an Ketten und foltern sie, so dass es

Sadisten befriedigen könnte. Die ständigen Belege für unmenschliche Praktiken bleiben nicht ohne Folgen. Al-Kaida, angetrieben durch Guantànamo und diverse Folterlager der CIA in verschiedenen europäischen und asiatischen Ländern, beginnt als Antwort nun ihrerseits auch große Brutalität zu zeigen, ganz im Sinne der terroristischen Spirale von Gewalt und sich steigernder Gegengewalt. Ob sich auch die ISIS-Truppen beim Einmarsch im Irak Mitte 2014 ein Beispiel an den CIA-Methoden genommen haben, oder ob das ein Gewächs ihrer eigenen Ideologie ist, ist nicht sicher zu beurteilen. Auf alle Fälle haben Guantanamo, Abu Graib, die Ermordung Bin Ladens und das laufende Drohnen-Tötungsprogramm der USA aus der Sicht der Terroristen anfeuernde Nachwirkungen. Es kommt in dieser Situation nicht darauf an, was wir als Westeuropäer darüber denken, sondern es kommt einzig und allein darauf an, wie die Terroristen und die islamische Bevölkerung das westliche Vorgehen wahrnehmen!

Als Drittes kommt der gesellschaftspolitische Kampf auf beiden Konfliktseiten hinzu. Die Art und Weise bestimmter Praktiken (siehe Kapitel VI) der allgemeinen Lebensführung der US-Amerikaner, aber zum Teil auch der alliierten Westeuropäer beeinflussen die Haltung der Islamisten zur westlichen Kultur und bestimmen damit auch mittelbar das kriegerisch-terroristische Verhalten von Al-Kaida und der zahlreicher werdenden Schwesterorganisationen, sowie der radikalen Islamisten allgemein, mit anderen Worten: des Al-Kaida Komplexes. Auf der anderen Seite fängt das rigide religiöse Verhalten der Islamisten (wie zum Beispiel im August 2014 im Irak) an, die Haltung des westlichen Lagers gegenüber den Islamisten ebenfalls wieder zu beeinflussen. Die Brutalität schaukelt sich gegenseitig auf, nahezu in vollkommener Übereinstimmung zum Verlauf der terroristischen Spirale (Kapitel VII).

Der direkte militärische Konflikt

Die USA hatten sich direkt nach 9/11 zu einem allum-
fassenden Krieg gegen »den« Terrorismus entschlossen,
den genannten »Global War on Terrorism« (GWOT). Sozusagen ein von den USA vorgesehener Einsatz mit ma-
ximaler militärischer Kraft und allen Mitteln. Dieser An-
satz der USA war eine glatte Fehleinschätzung der Lage.
Die Amerikaner verstanden nicht, dass ein terroristischer
Gegner nicht durch einen maximalen Truppeneinsatz à
la II. Weltkrieg oder Korea gewonnen werden kann. Das
ist, um es in einer Jägersprache zu formulieren, so, als
wenn man Marder durch eine Treibjagd erlegen wollte.
Die Marder huschen unbemerkt zwischen den Treibern
hindurch oder verstecken sich in Erdlöchern. Wie bei einer unkontrolliert gewordenen Treibjagd erschießen sich
dann dazu noch die Jäger gegenseitig – und auch vor-
beikommende Fremde.

Bei GWOT gab es sehr hohe »Kollateral«-Schäden,
also Unschuldige wurden getötet. Dieses Tun brachte
bis dahin abseitsstehende Araber und Islamisten massiv
gegen die Amerikaner auf. Es ist ganz sicherlich nicht
nebensächlich, sich daran zu erinnern, dass es ca. 1,6
Milliarden Muslime gibt, die in einer langen bewussten
Tradition aufgewachsen sind. Die Situation hat Ähnlich-
keit mit dem (schlafenden) IRA-Konflikt, bei dem eine
reflektierte Tradition immer wieder dafür sorgte, dass die
IRA bei Bedarf genügend Unterstützung fand, wie weiter
oben ausgeführt. Genauso werden islamische Terroristen unterstützt und erhalten Zulauf bei wirklicher militärischer Aggression gegen den Islam oder bei tiefgrei-
fender Verletzung ethischer Prinzipien des Islam (siehe
auch Bild 15).

Der Rand-Report (Jones 2008) konstatierte 2008, dass
die USA seit 9/11 in der Bekämpfung des Terrorismus
keinen Fortschritt erzielt habe. Im Gegenteil, es sei kontraproduktiv, wenn amerikanische Soldaten bei einem

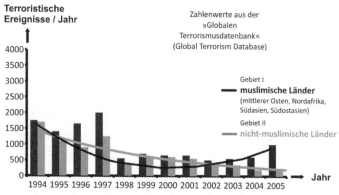

Bild 14: Zahl der terroristischen Anschläge pro Jahr von 1994 bis 2005, zusammengefasst jeweils für muslimische und nichtmuslimische Länder

Einsatz auftauchten, denn dann erhielten die Terroristen sofort erhöhten Zulauf. Deswegen die Empfehlung im Report, beim Einsatz vor Ort möglichst keine US-Soldaten in Uniform auftreten zu lassen. Das dürfte auch einer von mehreren Gründen sein, warum der Drohneneinsatz der USA in islamischen Gebieten in den letzten Jahren so stark erweitert wurde, um keine eigenen Soldaten zu verlieren.

Bild 14 zeigt die Zahl der terroristischen Anschläge pro Jahr von 1994 bis 2005, unterschieden nach muslimischen und nicht muslimischen Ländern.

Deutlich ist zu erkennen, dass die Anschläge in muslimischen Ländern von 2001 bis 2005 stark ansteigen, also nach 9/11 trotz oder gerade wegen des Einsatzes westlicher Truppen. Dieser Sachverhalt trifft eine generelle Eigenschaft, die bei terroristischen Konflikten auftritt:

In Kapitel VI in Bild 9 ist die Zahl der Bombenanschläge der IRA in Abhängigkeit von der Zahl der britischen Soldaten in Nordirland aufgezeichnet. Die Zahl der Soldaten steigt nicht kontinuierlich mit der Zeit, sondern es befinden sich teils weniger, teils mehr Soldaten in Ulster, je nach der politischen Lage. In Wirklichkeit ist die Zahl der Soldaten über die Zeit eher statistisch verteilt.

Im Bild 9 ist also die Zahl der Soldaten aufgetragen, unabhängig vom Jahr oder der Kampfphase. Trotzdem ist dann in der Zeichnung der Reihung die Zahl der Soldaten nach rechts steigend angeordnet, die gar nichts mit speziellen Jahren zu tun hat. Die eindeutige Aussage von Bild 9 ist, dass mit der Zahl der englischen Soldaten in Nordirland die Zahl der Bombenanschläge der IRA – und übrigens auch die Zahl der Toten – steigt. Das ist eine Aussage, die generell für terroristische Konflikte zutreffend ist und die der der klassischen Kriegsführung völlig widerspricht. Es ist eine Eigenschaft asymmetrischer Kriegsführung. Das gleiche Phänomen fällt im USA-Al-Kaida-Konflikt auf. Je stärker das Engagement der Amerikaner ausfällt, desto größer ist der Widerstand von Al-Kaida, desto intensiver der Zulauf zu Al-Kaida und ebenfalls desto energischer die Attacken.

Diese Kriegsführung ist geprägt von einem Phänomen, das der klassischen Kriegsführung, in die die Amerikaner bis dato in einer großen Zahl verwickelt waren, völlig fremd ist. Es ist das bei »schlafenden Konflikten« auftretende Phänomen des Mitfühlens und Mitleidens, erzeugt durch die Jahrzehnte beziehungsweise Jahrhunderte gemeinsam durchlebter und überlieferter Tradition. Daraus resultiert eine enge Solidarisierung und Unterstützung der Aktivisten.

Dieses Gefühl wird umso stärker aktiviert, je mehr die eigenen islamischen Mitbrüder betroffen sind und misshandelt werden. Um diesen Tatbestand deutlich werden zu lassen, ist in Bild 15 ein Vergleich zur durchschnittlichen Zahl der Anschläge

1. vor GWOT,
2. während des Irakkrieges und
3. nach Bekanntwerden der Geschehnisse und Folterungen in Abu Graib dargestellt.

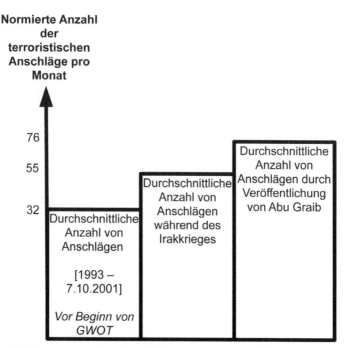

Bild 15: Vergleich der Intensität terroristischer Anschläge während verschiedener zeitlicher Phasen des Irakkrieges.

Die Daten basieren auf Untersuchungen von I. S. Sheehan (Sheehan 2009). Die Aussage ist eindeutig, denn von allen drei Zeitabschnitten hat das Tun der Amerikaner in Abu Graib die terroristischen Angriffe am stärksten beflügelt. Emotionale Geschehnisse bestimmen die Intensität, aber auch die Dauer des Konfliktes, wenn eine längere, geschichtlich prägende Phase die Bevölkerung geformt hat, was im Islam ohne Zweifel der Fall ist. Die Situation wird dann weniger durch die Zahl und Ausrüstung der Antiterror-Soldaten bestimmt. Es ist erschreckend, wie unbekümmert die amerikanische Führung die nicht-technischen Einflussgrößen zu ignorieren scheint.

Die falsche Kriegstaktik

In Kapitel III wurde diskutiert, welche Strategie die USA gegen Al-Kaida verfolgt. Auf Grund der Analyse vergangener terroristischer Konflikte hatte sich die USA entschlossen, die Taktik anzuwenden, Führungsleute von Al-Kaida zu töten, um so auf Dauer die Terroristengruppen absterben zu lassen. Der Entschluss beruhte auf einer Analyse über das Ende von über 400 terroristischen Bewegungen weltweit.

Ein massiver Fehler dieses Vorgehens beruht auf der Vorstellung, dass sich aus der Art des Endes früherer terroristischer Gruppen eine Prognose für den US-Al-Kaida- Konflikt für die Zukunft ableiten lasse. Diese Vorstellung ist fundamental falsch. In Kapitel II wurde anhand wissenschaftlicher Untersuchungen und Experimente beschrieben, dass es zwischen US-amerikanischen und teilweise westeuropäischen Verhalten einerseits und asiatischen Ländern andererseits prinzipiell große kulturelle Unterschiede gibt. Sie führen dazu, dass das Denken und kulturelle Verhalten basal verschieden ist.

Wie die Fachleute sagen, liegen verschiedenartige Selbstkonstruktionen des Ichs vor. Das Selbst wird in der Kultur der USA nur von der autonomen Person des Ichs ausgefüllt. Mit großer Wahrscheinlichkeit wird aufgrund der Art der Familienstruktur und des islamischen Glaubens bei den meisten Al-Kaida Führern dieses Selbst nicht nur vom Ich, sondern von dem der anderen leiblichen Brüder und Schwestern mitgeprägt. Leiden und Handeln und Für-einander-Einstehen umfasst dieses erweiterte Ich; man spricht von interdependenter im Gegensatz zur independenten Selbstkonstruktion (siehe auch Bild 7 in Kapitel II) (Hartwig 2014).

Damit ist die US-Strategie, durch Töten der Führungsmitglieder von Al-Kaida- Gruppen dieselben kopf-, führungs- und aktionslos zu machen, hinfällig. Im Gegenteil, die Chance ist groß, dass es bei der Tötung einer

Al-Kaida Führungsperson nicht nur einen, sondern mehrere Nachfolger mit entsprechenden Hassgefühlen gibt. Es ist auch nicht unwahrscheinlich, dass sich neue Parallelgruppen bilden. Die Terroristengruppe und damit der Konflikt fallen nicht in sich zusammen, sondern weiten sich aus.

Der US Drohnen-Krieg verstärkt in negativer Tendenz den eben beschriebenen Verlauf. Unter den durch Drohnen Getöteten gehören die wenigsten der Al-Kaida Führung an, sondern es sind oft Unbeteiligte und Unschuldige. Der Hass wird also wachsen. Mit dieser eingeschlagenen Strategie werden die USA den Konflikt nicht gewinnen können.

Die nichtmilitärische Auseinandersetzung

Seit dem 11. September 2001 hat sich eine beispiellose Propagandamaschinerie über die Gefährlichkeit des Terrorismus in den USA und in devoter Nachfolge in der Bundesrepublik Deutschland etabliert (siehe auch Kapitel I, Tabellen 1, 1 A, 1B). Der Terrorismus wird als die Gefahr schlechthin propagiert. In den USA wurde mit dem Heimatministerium im Gefolge von 9/11 ein sehr großer Behörden- und Überwachungsapparat aufgebaut. In Kapitel VII wurde ausführlich berichtet, welche Entwicklung nach 9/11 in den USA politisch und durch Gesetz (»USA Patriot Act«) in Gang gesetzt wurde. Das Heimatministerium mit 170.000 Beschäftigten, 263 neue Sicherheitsbehörden, 1.200 staatliche Organisationen und nahezu 2.000 Privatfirmen beschäftigen sich mit der Terrorismusbekämpfung. Man kann vermuten, dass 30 bis 70 Milliarden Dollar zusätzlich dafür pro Jahr ausgegeben werden. Das erzeugt einen nicht zu übersehenden Zwang. Dieser immensen Summe entsprechend muss ein Gegenwert erzeugt und nachgewiesen werden.

Constanze Kurz hat es in zwei präzisen Sätzen zusammengefasst: »Für Geheimdienste gibt es nie genug Verdächtige« und »Der Geheimdienstapparat hat sich verselbstständigt« (Kurz 2014b). Mit anderen Worten, die amerikanischen Geheimdienste fangen an Ergebnisse zu produzieren, um ihre Existenzberechtigung nachzuweisen. Dieses Vorgehen führt mit großer Wahrscheinlichkeit nicht zu einer wirklichen Bekämpfung des Terrorismus.

Einer der Schwerpunkte, auf dem sich die Geheimdienste austoben, sind die Fahndungsdatenbanken. So wird berichtet, dass die amerikanische Terroristendatenbank TIDE, die von der »Intelligence Community« bestückt und benutzt wird, jetzt einen Umfang von einer Million Personen hat, eine Verdoppelung innerhalb von vier Jahren (Kurz 2014a). Damit kein Irrtum entsteht; » Intelligence« hat hier nichts mit Intelligenz zu tun, wie man vielleicht hoffen möchte, sondern heißt einfach »Nachrichtendienst«. Frau Kurz schreibt mit Recht: »Eine Million terroristischer Bombenleger und Attentäter – das können selbst paranoide Geheimdienstler kaum ernst meinen.« Erinnert sei daran, wie schon beschrieben wurde, dass Edward Kennedy, der Bruder des früheren amerikanischen Präsidenten, ebenfalls auf einer dieser Listen stand und gehindert wurde seinen Flug fortzusetzen.

Die demokratische Vorsitzende des Geheimdienstausschusses – das Kontrollgremium über die Geheimdienste des Senats der USA, – Dianne Feinstein, machte Anfang August 2014 öffentlich, dass der CIA den Rechner des Ausschusses gehackt hat, um zu erfahren, was der Ausschuss bei der Kontrolle über die Machenschaften des CIA in Erfahrung gebracht hatte. Der Geheimdienstchef Brennan wies die Anschuldigungen von Feinstein mit den Worten zurück: »Nichts ist weiter von der Wahrheit entfernt«. Die Vorstellung sich in den Ausschusscomputer zu hacken, » liege jenseits aller Vernunft«. Einige

Tage später entschuldigte sich Brennan bei Feinstein (zitiert nach Ross 2014). Im Klartext: Die höchste Überwachungsinstanz über den Geheimdienst wurde illegal vom Geheimdienst selbst ausspioniert. Der demokratische Senator Mark Udall forderte daraufhin den Rücktritt von CIA-Chef Brennan. Obama verweigerte das, da Brennan 2013 für ihn unter anderem den Drohnenkrieg konzipiert hatte. Obamas Sprecher würdigte die Leistung Brennans in einem außerordentlich schwierigen Job (Ross 2014).

Aufgrund der weiter oben beschriebenen Situation in der einige hunderttausend Mitglieder starken Antiterrorbürokratie nebst zusätzlichen großen privatwirtschaftlichen Bereichen erhebt sich die Frage, inwieweit die Politik überhaupt noch unabhängig entscheiden kann. Die Größe der Reklametrommel für den Antiterrorkampf auf der einen Seite und das Vernachlässigen wichtiger politisch gebotener Entscheidungsgebiete auf der anderen Seite legen die Vermutung nahe, dass die amerikanische Politik nur noch eingeschränkt entscheidungsfähig ist.

In Kapitel I wurde die extreme Schieflastigkeit der Wahrnehmung der Deutschen in Bezug auf die Risiken des Terrorismus im Vergleich zu anderen, besonders Unfallrisiken, dargestellt. Die Untersuchungen von Baldo Blinkert kamen zu dem Resultat, dass 56% aller Deutschen den Terrorismus für sich am bedrohlichsten fanden, unbeschadet der Tatsache, dass es pro Jahr in Deutschland sechs Millionen kriminelle Ereignisse gibt, ganz zu schweigen von ca. 20.000 Unfalltoten und acht Millionen Unfallverletzten. Es wäre vielleicht auch ganz lohnenswert sich zu erinnern, dass wir pro Jahr ungefähr 40.000 nosokomiale Tote in Krankenhäusern haben. Die Chance, dass jeder von uns dieses oder nächstes Jahr aus irgendeinem Grund ein Krankenhaus aufsuchen muss, ist auch nicht gerade klein. Angesichts solcher Risikozahlen hat die Entscheidung für Terrorismus als dem bedrohlichsten Risiko fast hysterische Züge. Woher

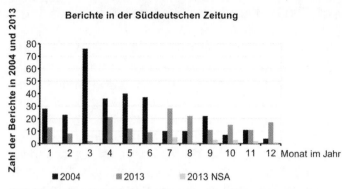

Bild 16: Vergleich der Zahl der Berichte über Terrorismus in der Süddeutschen Zeitung in 2004 und 2013, zusätzlich für 2013 die Zahl der Berichte über den NSA-Skandal, jeweils pro Monat.

kommt also das völlig schiefe Risikobild der Deutschen – und wahrscheinlich auch der Amerikaner?

Im Bild 16 wird das Ergebnis einer Analyse über die Berichterstattung der Süddeutschen Zeitung zum Terrorismus in Deutschland gezeigt. Analysiert ist die Situation für die Jahre 2004 und 2013 (Witt 2014). Angegeben ist für jeden Monat für die beiden Jahre die Zahl der erschienenen Artikel. Auffällig ist, dass für März 2004 der höchste Wert von nahezu 80 Artikeln auftritt. Zu erklären ist das durch eine Serie von zehn Bombenanschlägen am 11. März in Madrid, die durch Terroristen verübt worden sind. Die Herkunft der Täter ist nicht völlig klar. Es wird von einer internationalen Gruppe gesprochen, die ideologische Verbindungen zu Al-Kaida haben soll. In den nächsten drei Monaten war die Berichterstattung mit ungefähr 40 Anschlägen pro Monat ebenfalls noch erhöht. Ansonsten ist festzuhalten, dass 2004 mehr Anschläge als 2013 auftraten. Genauer gesagt traten 2004 viermal so viele Anschläge wie 2013 auf.

Eine vergleichbare Untersuchung wurde für die FAZ für dieselben Jahre durchgeführt (Weber 2014). Das Erscheinungsbild ist dem der SZ sehr ähnlich. Nur hier traten 2004 dreimal so viele Anschläge auf wie 2013. Betrachtet man die Anzahl der Wörter in den Beiträgen über Terrorismus, so ergeben sich bei der FAZ für 2004: 100.600 und für 2013: 27.100 Worte. Pro Monat sind das für 2004: 8.400 und für 2013: 2.300 Worte (Weber 2014). Es rieseln, nur die beiden Zeitungen betrachtet, auf vier Millionen Leser seit nahezu 15 Jahren durchschnittlich 5.000 Worte pro Monat über das Thema Terrorismus herab, für das es über diese Zeitspanne in Deutschland keinen Terrorismustoten gab. Diese Präsenz und diesen Einfluss schafft kein anders geartetes Thema.

FAZ und SZ sind seriöse Zeitungen. In anderen Printmedien wird das Verhältnis zwischen generellen und Nachrichten über Terrorismus vermutlich mehr zu letzteren neigen, allein schon wegen des Aufmerksamkeitswertes. Im Fernsehen lassen sich natürlich Bilder über Attentatsfolgen besonders eindringlich gestalten. Diese Informationsflut ist sicher einer der Gründe, warum 56% der Einwohner Deutschlands sich am stärksten durch Terrorismus bedroht fühlen.

In den USA spielt vermutlich die regierungsamtliche Politik der nationalen Bewegtheit eine zusätzliche Rolle, abgesehen von der Informationspolitik der Dienste.

Gesellschaftspolitische Friktionen

In dem Konflikt zwischen den USA und Al-Kaida gibt es neben der militärischen Auseinandersetzung und der mehr oder weniger nicht militärischen Konfrontation noch einen dritten Bereich, der nicht direkt konfliktbehaftet ist, aber trotzdem die Auseinandersetzung tiefgreifend beeinflussen kann. Sie wird hier unter dem Begriff der »gesellschaftspolitischen Friktion« subsumiert.

In Kapitel V wurde die Sicht Al Azms zur Haltung der muslimischen Bevölkerung zum Westen und insbesondere zu den USA anhand des 9/11- Ereignisses beschrieben. Al Azm ist ein renommierter Philosoph, der seine wissenschaftliche Prägung in den USA und Europa erfahren hat. Er ist unverdächtig radikale islamistische Positionen zu vertreten, zumal er sein Geburtsland Syrien schon seit vielen Jahren wegen seiner bedrohten persönlichen Sicherheit nicht mehr betreten konnte. Die Quintessenz seiner Einschätzung zur Haltung der arabischen Bevölkerung zu 9/11 ist, dass die Genugtuung über das Attentat allgemein ist. Das betraf wohl weniger den Tod von dreitausend Menschen beim Attentat vom 11. September 2001, sondern vielmehr die Zerstörung des WHZ. Offensichtlich macht sich diese Genugtuung am Schaden fest – intendiert aber ist weit mehr: die Frustration und das Unbehagen gegenüber der weitgehenden Beherrschung der Wirtschaft durch das amerikanisch-westliche Finanzsystem, aber wohl mehr noch gegenüber der Anpassung aller Lebenswerte an dieses Finanz- und Wirtschaftssystem.

Für den Konflikt scheint dieser Sachverhalt in erster Näherung ohne Belang zu sein. Für die Dauer des Konfliktes ist das aber durchaus nicht der Fall. In zunehmendem Maße wird diese Grundhaltung der islamischen Bevölkerung auf alle Arten politischer Beziehungen, die wir auch in Zukunft eingehen werden und müssen, zum Tragen kommen.

Diese Tatsache nicht zu sehen, ist ein grundlegender Fehler der USA und der westlichen Länder.

Dem gegenüber steht eine westliche Haltung, die sich immer mehr verstärken wird.

In Bezug auf die Entwicklung in den letzten Jahrzehnten in den USA und Europa wird in Kapitel VI der Philosoph Peter Sloterdijk zitiert, der feststellte, dass »es in keiner historischen Formation ein so hohes Maß an gier- und neidgesteuerter Konkurrenz gegeben hat wie im Zeitalter des entfalteten Massenkonsums (Im Laufe der Jahrhunderte sei es zu einer einzigartigen Verschiebung

im Moralsystem gekommen). Aus dem zehnten Gebot –
Du sollst nicht begehren deines Nächsten Hab und Gut
– ist ein Imperativ mit umgekehrten Vorzeichen durch
Massenmedien und Werbung geworden.«

Aus dem Eifersuchts-Verbot des Dekalogs wurde das
zeitgenössische »Konkurrenzprinzip (…) um das Gebot
des Prahlens erweitert: Du sollst begehren, was dein
Nachbar hat und ihn neidisch machen auf das, was du
besitzt. Zeig, was du hast, damit andere grün vor Neid
werden.« (Köhler 2013)

Im August 2004 titelte übrigens eine größere Zeitung
in Süddeutschland: »Können wir uns unsere Alten noch
leisten!?«, wobei die Autoren die möglichen anderen Optionen, falls wir es uns nicht leisten können, noch offen-
gelassen haben.

Generell zieht die Diskussion über die »Kosten« der
Alten auch jetzt wie Nebelschwaden durch unsere
Landschaft. Wegen der interdependenten Konstruktion
des Ichs wird in asiatischen und islamischen Ländern
für diesen hier skizzierten Komplex wenig Verständnis
aufgebracht. Im Gegenteil fühlen sich Islamisten auch
durch das aggressive Vorgehen des Westens motiviert,
im Besitz einer »höheren« Wahrheit zu sein. Das mag
auch einer von vielen Gründen sein, warum junge Deutsche sich zum Islam bekehren. Vielleicht suchen sie die
Wärme, die unsere Gesellschaft aus ihrer Sicht nicht
mehr bietet.

Das Problem, dass diese Diskussion für unser Thema
beinhaltet ist nicht ein Disput über den besseren Glauben oder die höherwertigere Kultur, sondern es ist die
Wahrscheinlichkeit, dass diese dunklen Seiten unserer
gesellschaftlichen Entwicklung die Begründung für nicht
akzeptable Aggressionen liefern.

Beispielsweise dafür, dass von Boko Haram – eine von
Al-Kaida beeinflusste Terroristengruppe im Gebiet des
Niger – das Verschleppen von 200 Mädchen mit der Er-

rettung vor der negativen westlichen Kultur begründet wird.

Was unserer westlichen Gesellschaft zunehmend fehlt, ist eine Selbstreflektion, die es gestattet, offener in Bezug auf das Verstehen von solchen Konflikten, wie der USA-Al-Kaida-Konflikt es ist, heranzugehen.

Wir müssen aufhören zu versuchen, den Gegnern unsere westliche Philosophie und Sichtweise überzustülpen. Eher sollten wir ernsthaft versuchen den Gegner in seinem Anderssein zu verstehen. Und wir sollten nicht in jedes Land oder Gebiet unsere Kultur und unser Wirtschaftssystem exportieren.

Wir müssen uns eingestehen, dass der Hintergrund einer Reihe terroristische Konflikte weniger eine Frage der Macht, sondern eine Frage der vertretenen Kulturen geworden ist.

Schlussbemerkung

Im August 2014 eskalierten die Auseinandersetzungen zwischen den terroristischen Gruppen im Irak, Syrien und Afrika und den westlichen Ländern.

Geschichte wiederholt sich nicht, obgleich es manchmal so scheinen mag. Trotzdem kann die Betrachtung früherer geschichtlicher Entwicklungen hilfreich bei der Erklärung des so facettenreichen augenblicklichen Geschehens sein. Es scheint dann möglich, interpretierende Anleihen aus geschichtlichen Ereignissen zu machen und Fehleinschätzungen der Vergangenheit zu korrigieren.

In den Konferenzen von Teheran (28.11.–1.12. 1943) und Jalta (4.2.–11.02. 1945) trafen sich die kommenden Sieger des zweiten Weltkrieges, Stalin, Churchill und Roosevelt, um über die Aufteilung und Neuordnung Europas im Sinne der Sieger nach Ende des Krieges zu beraten und zu entscheiden. In beiden Konferenzen betraf der Inhalt mehr den europäischen Kriegsschauplatz und weniger den asiatischen. Bei der Aufteilung der Beute ging es um Deutschland und die möglichen Besatzungszonen, aber auch um die Grenzen osteuropäischer Länder wie auch der von Balkanstaaten.

Im Balkan spielten die religiösen Eigenheiten einzelner Provinzen und Distrikte eine erhebliche Rolle. Es gab katholische und orthodoxe Christen, Mohammedaner und zum Teil eigenständige Kirchen, gemischt über verschiedene Nationalitäten. Bei diesem territorialen Schachern durch die großen Drei um Gebiete und um Einfluss wollte, so ein Ondit, Stalin in Zusammenhang mit dem Balkan mit der Frage:»Wieviel Divisionen hat der Papst?« die Insignifikanz aller nicht militärischen und nicht machtpolitischen Größen feststellen.

Für diese Bemerkung über die Divisionen des Papstes gibt es keine belastbaren, oder nur sehr widersprüchliche Quellenangaben, dafür aber viele Zitate, was nicht verwunderlich ist, denn es gab generell über die Verhandlungen in Jalta keine wirklichen Protokolle. Der Stil des Meinungsaustausches soll chaotisch gewesen sein. Stalins Bemerkung, unabhängig davon, ob er sie getan hat oder nicht, spiegelt die tatsächliche Verachtung für alles Nichtmilitärische als Entscheidungsgrundlage wider. Das war der Geist der Zeit, der von allen drei Führern mehr oder weniger geteilt wurde. – Er ist überkommen in unsere Zeit, in der wir glauben, Terrorismus nur mit militärischen Mitteln besiegen zu können.

Diese engstirnige Haltung der drei Führer mündete in eine Ironie der Geschichte, später, beim Zerfall des Sowjetimperiums.

Papst Johannes Paul II. spielte darin eine entscheidende Rolle. Er war vorher Bischof und Kardinal in Polen und wurde am 16. Oktober 1978 zum Papst gekrönt.

Der Zerfall des Ostblocks und die Auflösung der Sowjetunion hatten viele Gründe. Sicher ist aber, dass das Ende des Sozialismus in Polen, das Ende des kalten Krieges, der Zusammenbruch des Kommunismus und das Entstehen neuer Nationalstaaten auf dem Gebiet der ehemaligen Sowjetunion mit dem Wirken von Johannes Paul II. und den Geboten einer menschlicheren Verhaltensweise zu tun hatten. Mit anderen Worten, die mit militärischer Gewalt erzwungene Ordnung wurde durch nichtmilitärisches, auf den Menschen zugehendes Verhalten, zum Einsturz gebracht.

Zu Pfingsten des Jahres 1979 besuchte Johannes Paul II. Polen. Dieser Besuch sollte die Welt verändern. Er zeigte den Herrschern in Moskau und Warschau, dass es einen Glauben und eine geistige Macht gibt, die Geheimdienste und Armeen überwältigt.

Um auf die Thematik dieses Buches zurückzukommen, erscheinen unter diesem Blickwinkel die militärischen Versuche, den Terrorismus zu bekämpfen, ohne die wirklichen Hintergründe für den Konflikt und das aggressive Verhalten des Westens in den Blick zunehmen, unrealistisch und abenteuerlich. Je mehr der Westen den interkulturellen Konflikt zwischen dem Islam und der westlichen Welt ignoriert, desto geringer sind die langfristigen Chancen einer dauerhaften Lösung. Dabei spielt die aggressive Wirtschaftspolitik des Westens eine entscheidende Rolle, die endlich unter dem Gesichtspunkt der Verschiedenartigkeit der Kulturen neu durchdacht werden muss.

Literaturverzeichnis

Al-Azm, Sadik J. »Is Islam Secularizable? Islam, Terrorism and the West World Today«, 165 ff., Gerlach-Press, Berlin 2014

Amnesty International »Memo«, Bern 14.01.2001

Amnesty International »12 Jahre Guantanamo«, Hamburg 20.01.2014

Augstein, Jakob »Angela Merkel, Mitarbeiterin des Monats«, Spiegel, S. 16, 05.05.2014

Balke, J. et.al., Studienarbeit »Terrorismus«, HF SS 2009

Bartelt, Dawid D. et al. »Das Rendition Programm der USA und die Rolle Europas«, Aus: Politik und Zeitgeschichte, 36, 2006

Beggan, D. »Understanding Insurgency Violence«, A Quantitative Analysis..., Studies in Conflict and Terrorism 32, 705ff., 2009

Blaschke, Björn ARD Kairo »Die ISIS-Gruppe«, WDR, 16:07 Uhr, 23.06.2014

Blinker, Baldo »Erkundungen zur Zivilgesellschaft«, Schriftenreihe FIFAS Verlag, W. Hopf, Berlin 2013

Brachman, Jarret/ »Stealing Al Queda's playbook«, Studies in Mc-Cants, William Conflict and Terrorism, 29, 309-321, 2006

Braschler, Matias »Geschichten aus Guantanamo«, 3sat »Kulturzeit«, 20.01.2012

Brinkmann, Klaus Spiegel, S. 80 vom 15.07.2013

Charkey, J. Yukon News, 27.08.2008

Council Common Position 2006 / 380 / CFSP vom 29.05.2006

Cunningham, Karla J. »Cross-Regional Trends in Female Terrorism«, Studies in Conflict and Terrorism, Vol. 26., 171ff., 2010

Dolnik, Adam »Die and let die: Suicide Terrorism«, Studies in Conflict and Terrorism, Vol. 26, 17ff., 2011

Eklert, Hans «Schönes neues Bautzen?«, FAZ, S. 7, 06.04.2013

Enders, Walter/ »Causality between transnational terrorism Sandler, Todd and tourism: The case in Spain«, Terrorism Vol. 14, 49ff., 2008

FAZ (a) »85 Menschen so reich wie 3,5 Milliarden«, 5-10, 28.01.2014

FAZ (b) »A-Kaida Kämpfer getötet«, 27.04.2014

Foxwell, Joseph W. »Current Trends in Agroterrorism«, Studies in Conflict and Terrorism, Vol 24, 107ff., 2001

Fricke, Karl W. »Erheblicher Klärungsbedarf«, FAZ, S. 7, 05.04.2013

Geertz, Clifford J. »On the nature of anthropological understanding« American Scientist, 63, 47ff., 1975

Hanfeld, Michael »So werde ich zum Terroristen«, FAZ, S. 15 25.07.2014

Hartwig, Sylvius »Riskanter Atomausstieg«, Focus 37/11, S. 102, 2011

Hartwig, Sylvius Universität Wuppertal, Vorlesung »Terrorismus«, SS, (2003 bis) 2014

Hedinger, Marco »Aufdeckung des »extraordinary rendition program« der CIA durch Stephan Grey«, Hamburg 2007

Heine, Peter »Terror in Allas Namen«, Herder Verlag, Freiburg 2004

Hirschmann, Kai »Terrorismus«, Europäische Verlagsanstalt, Hamburg 2003

Huntington, Samuel »Die Neugestaltung der Weltpolitik im 21. Jahrhundert«, Goldmann, München 2002

Igel, Regina »Terrorismus-Lügen. Wie die Stasi im Untergrund agierte«, Verlagsbuchhandlung F.A. Herbig, München 2012

Jakisch, Samuel HR, 19:50Uhr, »Die politischen Optionen der USA im Irak«, 17.06.2014

Jones, Seth G./ »How Terrorist Groups End« Lesson for

Libicki, Martin C. Countering Al-Kaida, RAND Corporation, Santa Monica 2013

Jörges, Hans-Ulrich »Der Feind meines Feindes ist mein Freund«, Stern, S. 26, 03.07.2014

Köhler, Andrea »Die Scham – Eine Spurensuche«, Essay, SWR2, 22:03 Uhr, 08.04.2013

Köpf, Peter »Wo ist Lieutenant Adkins? Schicksal desertierter Nato-Soldaten in der DDR«, Ch. Links Verlag, Berlin 2013

Kühnen, Ulrich (a) »Kultur, Selbstkonzeption und Kognition – westliches und östliches Denken im Vergleich«; Freiburger Universitätsblätter, Heft 199, 59 ff. Rombachverlag Freiburg 2013

Kühnen, Ulrich (b) »Gehirn und Geist«, Spektrum der Wissenschaften, 2003, S. 10ff.; »Kultur, Selbstkonzept und Kognitation« Freiburger Wissenschaftsblätter, Heft 199, S. 59ff, Rombachverlag Freiburg 2013

Kunzmann, Marcel US-Menschenrechtsbericht 11.03.2014

Kurz, Constanze (a) »Ohne Wissen gebrandmarkt«, FAZ, S.12, 28.06.2014

Kurz, Constanze (b) »Für Geheimdienste gibt es nie genug Verdächtige«, FAZ, S. 11, 08.08.2014

Laqueur, Walter »Die globale Bedrohung«, Econ Taschenbuch, München 2001

Lepenies, Phillip »Die Macht der einen Zahl. Eine politische Geschichte des Bruttoinlandsproduktes«, S. 103ff., Suhrkamp, 2013

Lobe, Jim »Cold War Intellectuals«, Washington 17.11.2001

Miyamoto, Yuri/ »Cultural Variation in correspondence Bias; Yitayama, Shinobu The Critical Rule of Attitude Diagnosticity of Socialy Construined Behavior«, Journal of Personality and Social Psychology, Vol. 83, Nr. 3, 1239-48, 2003

Monaghan, R. Single-Issue Terrorism Vol. 23, 253 ff., 2000

Muir, A.M. »Terrorism and Weapons of Mass Destruction. The Case of Amn Chiuzikyo«, Studies in Conflict and Terrorism, Vol. 22, 79 ff., 1999

Nowak, Manfred »Das System Guantanamo«, Aus: Politik und Zeitgeschichte, 36, 2006

Parachini, John V. »Mass Casualty Terrorism Involving, Conventional and Unconventional Weapons«, Studies in Conflict and Terrorism, Vol. 24, 389 ff., 2010

Priya, Basil »Jetzt mal unter vier Augen«, FAZ, S. 9, 03.07.2014

Quillen, C. »A historical Analysie of Mass Casuality Bombers«, Studies in Conflict and Terrorism, Vol. 25, 279 ff., 2002

Rose, David (a) »Guantanamo Bay«, S. 10, Frankfurt 2004

Rose David (b) »Guantanamo Bay«, S. 90, Frankfurt 2004

Ross, Andreas »Die harschen Methoden der CIA«, FAZ, S.8, 02.08.2014

Rumsfeld, Donald »Known and Unknown«, Penguin, New York 2012

Sampson, E. »The depate on individualism«, American Pychologist, 43, 15 ff., 1998

Scahill, Jeremy »Schmutzige Kriege, Amerikas geheime Kommandoaktionen«, Verlag Antje Kunstmann GmbH, München 2013

Schnechener, Ulrich »Transnationaler Terrorismus«, Edition Suhrkamp, Frankfurt a.M. 2006

Sheehan, Ivan S. »Has the Global War on Terror Changed the Terrorist Threat?«, Studies in Conflict an Terrorism, 32, 743 ff., 2009

Sloterdijk, Peter »Unruhe im Kristallpalast?« Gespräch mit dem Autor. Cicero-online v. 19.12.2008

Sontheimer, Michael »Natürlich kann geschossen werden, Eine kurze Geschichte der Roten Armee Fraktion«, Deutsche Verlagsanstalt München 2010

Steiger, Dominik »Die CIA, die Menschenrechte und der Fall Kaled el-Masri«, S. 20, Potsdam 2007

Squitieri, T. »Role of Security Companies likely to become more visible«, USA Today, 01.04.2004

Terzani, Tiziano »Nach einer Runde auf dem Karusell«, Knaur, München 2007

Tsfati, Yariv www.terrorism.com, »Terror on the Weimann, Gabriel Internet«, Studies in Conflict and Terrorism, Vol. 25, 317ff., 2002

Waldmann, Peter »Terrorismus«, Gerling Akademie Verlag, München 1998

Weber, Christina et al. Analyse der Zeitungsberichterstattung der FAZ zum Thema Terrorismus; Jahrgang 2004 und 2013, Studienarbeit zur Vorlesung »Terrorismus«, BUW 2014

Weiner, Tim »CIA die ganze Geschichte«, S. Fischer, 4. Aufl., März 2008

Wilber, Donald N. »Regime Change in Iran«, Sparkesman, Nottingham 2006

Wild, Stefan »Foreword in Sadik J. Al-Azm, On Fundamentalism«, Gerlach-Press, Berlin 2014

Winkler, Wilhelm »Die Geschichte der RAF«, Rowohlt, 2010

Wisnewski, Gerhard/Landgraeber, Wolfgang/Sieker, Ekkehard »Das RAF-Phantom«, Knaur, 2008

Witt, Regina et al. Veränderung der Berichterstattung in der Süddeutschen Zeitung zwischen den Jahren 2004 und 2013, Studienarbeit zur Vorlesung »Terrorismus«, BUW 2014

Wurmser, Leon »Die Maske der Scham, Die Psychoanalyse von Schameffekten und Schamkonflikten«, Springer 3. Auflage, Berlin 1997

Wurster, Linda Focus, 04.04.2014